Jutta Eckes

ITALLEGRO

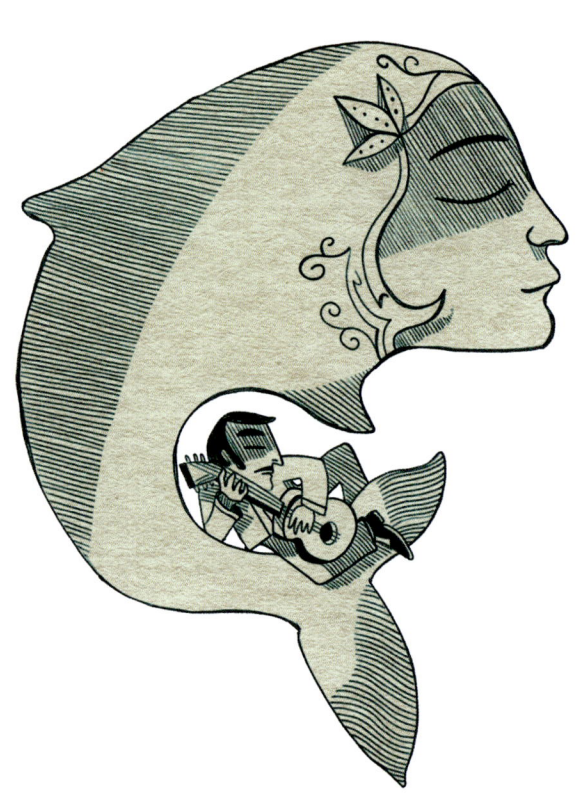

Jutta Eckes

ITALLEGRO

Italienische Begriffe von A – Z in der Musik und im Alltag
Anekdoten und Beiseite-Gesprochenes

Illustrationen von
Mehrdad Zaeri

Die Wörter des Itallegro-Glossars, der vorliegenden Aussprachetabelle sowie der **Vetrinette** finden Sie zum Download eingesprochen im MP3-Format auf www.breitkopf.com. Dort wird auch ein weiterführendes Medienangebot zur Verfügung stehen.
Die Audioaufnahmen entstanden mit großzügiger Unterstützung der Akademie für Tonkunst, Darmstadt. Tonmeister: Masahiro Nishio

Impressum

BV 480
ISBN 978-3-7651-0480-0
© 2020 by Breitkopf & Härtel, Wiesbaden
Alle Rechte vorbehalten

Illustrationen: © Mehrdad Zaeri (www.mehrdad-zaeri.de)
vermittelt durch die Agentur Susanne Koppe (www.auserlesen-ausgezeichnet.de)
Buchgestaltung: Elisa Kuzio, Frankfurt am Main (www.mehrkuzio.de)
Druck: Beltz Grafische Betriebe GmbH, Bad Langensalza

Printed in Germany

Inhalt

Prefazione – Vorwort 6

Zur Aussprache 8

Glossar 11

Storielle
Accidente S. 15 | Alt! S. 21 | Arpa del benessere S. 24 | Buffo, Buffon, Buffone S. 32 | Capo und Coda S. 38 | Stockhausen S. 41 | Conservatorio S. 42 | Corno S. 47 | Fagotto S. 52 | Grancassa S. 59 | Largo S. 64 | Librettosprache S. 68 | Moderazione S. 76 | Va piano S. 84 | Rumore, Rumorismo S. 94 | Segni d'espressione S. 98 | Tempo tempo S. 108 | Der Timpano S. 111 | Toccata e fuga S. 114

Vetrinette
1 accento S. 13 | 2 adagio S. 18 | 3 arco S. 23 | 4 barocco S. 28 | 5 cantata S. 36 | 6 croma S. 48 | 7 forte S. 56 | 8 opera S. 78 | 9 registro S. 90

Zum Weiterlesen und Vertiefen – Literaturtipps 119

Dank 120

Prefazione — Vorwort

Prima la musica e poi le parole
„Zuerst die Musik und dann die Worte" – so heißt eine Oper von Antonio Salieri, deren Titel in Musikerkreisen zum geflügelten Wort wurde und oft als Beweis dafür herhalten sollte, dass in einem musiktheatralischen Werk der Musik gegenüber dem Text Vorrang zu gewähren sei.
Inzwischen wissen nicht nur Musikwissenschaftler, dass diese Debatte um das Primat von Wort bzw. Musik in der Oper unsinnig ist, da beide Disziplinen nur miteinander funktionieren.
In der Tat, Wort und Musik gehören zusammen, eben nicht nur in der Oper. Was wären Musikstücke ohne Vortragsbezeichnungen? Ohne Spielanweisungen und Interpretationshilfen?
Jeder, der sich mit Musik beschäftigt, ein Instrument lernt, Gesang studiert, im Chor singt, dirigiert oder komponiert, muss sich mit Begriffen wie **Allegro, Adagio, Piano, Crescendo** … vertraut machen und kommt um das Italienische nicht herum. Einiges ist sogar in die Alltagssprache eingegangen: Wenn beispielsweise eine Gruppe **unisono** antwortet oder jemand endlich mal **Tempo** macht; wenn der beste Freund nach einem kurzen Beziehungs-**Intermezzo** wieder **solo** ist und sein übliches **Lamento** anstimmt.

In der Musik verwendet man seit dem 17. Jahrhundert italienische Begriffe, was einfach damit zusammenhängt, dass Italien zu jener Zeit Vorreiter neuer musikalischer Entwicklungen war – man denke nur an die „Erfindung" der Oper durch Claudio Monteverdi. So konnte sich diese Sprache in der Musik etablieren – vergleichbar dem Englischen, das von den 60er-Jahren des 20. Jahrhunderts an zur Sprache der Popmusik wurde, weil die angesagten Trends aus Großbritannien, dem Mutterland des Pop, kamen.
Italienische Künstler waren im 17. und 18. Jahrhundert überaus populär. Der eingangs genannte Antonio Salieri etwa hatte in Wien das Amt des Hofcompositeurs inne. Aber auch deutschsprachige Komponisten wie Händel und Mozart pflegten einen selbstverständlichen Umgang mit der Sprache, schrieben Musik auf italienische Texte, und insbesondere Mozart liebte es, seinen Scherz mit der italienischen Terminologie zu treiben, wie beispielsweise in der juxigen Vortragsbezeichnung, die er einem Flötenquartett verpasste: **Allegretto grazioso, ma non troppo presto, però non troppo adagio, così - così - con molto garbo ed espressione** (Allegretto, graziös, aber nicht zu schnell, aber auch nicht zu langsam, so la la, mit viel Anmut und Ausdruck).

Prefazione — Vorwort

Vom 19. Jahrhundert an verwendete man auch deutsche Vortrags- und Tempobezeichnungen, aber es gelang ihnen nie, die italienische Terminologie zu verdrängen. Selbst ein urdeutscher Komponist wie Richard Wagner witzelte über die Werke von Kollegen mit einer erfundenen italienischen Spielanweisung: **Tempo giusto, ma non troppo** (Das richtige Tempo, aber nicht zu sehr).

Wie oben schon angedeutet, finden einige Begriffe auch außerhalb der Musik Verwendung, sodass es sich bei manchen Wörtern lohnt, den verschiedenen Bedeutungen im Sprachgebrauch nachzuspüren, einer bestimmten Wortherkunft auf den Grund zu gehen. Bei einer Reihe von Wörtern ergeben sich überraschende Einsichten.

Itallegro hat es sich deshalb zur Aufgabe gemacht, den Blick auf die Sprache zu weiten, auf zusätzliche Bedeutungen jenseits der Musik hinzuweisen und auf Zusammenhänge aufmerksam zu machen, die nicht offensichtlich sind. Dabei sollen komische Aspekte nicht zu kurz kommen.

Und so ist Itallegro aufgebaut:

Glossar von A–Z

Den Hauptteil bildet das Glossar, das musikalische Begriffe von A–Z auflistet und übersetzt. Darüber hinaus gibt es eine Spalte, die **A parte** (= Beiseite-Gesprochenes) überschrieben ist. In dieser Kategorie werden die musikalischen Begriffe näher unter die Lupe genommen. Hier erfahren Sie etwas über die Herkunft eines Wortes und gegebenfalls über dessen Verwendung im alltäglichen Sprachgebrauch.

Vetrinette 123456789

Eine weitere Kategorie sind die **Vetrinette**, kleine Schaukästen, die Informationen zu verschiedenen Themen zusammenstellen: Es werden beispielsweise Noten und Intervalle mit ihren italienischen Namen präsentiert, Aussprachefallen benannt und die Namen von Opern übersetzt.

Jede **Vetrinetta** hat ihre eigene Farbe. Das erleichtert die Zuordnung der Begriffe, da diese im Glossar mit der entsprechenden Farbe markiert sind. Beispiel: Das Wort barocco ist blau markiert, und Blau ist die Farbe der Vetrinetta 4 zur Musikgeschichte. Manche Begriffe haben zwei Farben, weil sie in zwei **Vetrinette** vorkommen.

Storielle

Damit das Lexikon nicht zu staubtrocken gerät, gibt es die Storielle, kleine Geschichten zu dem einen oder anderen musikalischen Begriff des Glossars. Da lesen Sie zum Beispiel, was es mit dem berühmten Largo von Händel auf sich hat, warum die Pauke auch mit Kulinarischem zu tun haben kann und weshalb bei dem italienischen Wort für Horn Vorsicht geboten ist.

Pronuncia

Sprache muss natürlich, wie der Name schon sagt, gesprochen werden. Da die Aussprache des Italienischen sich deutlich von der des Deutschen unterscheidet, sind auf den folgenden Seiten die wichtigsten Ausspracheregeln zusammengestellt.

Schlussbemerkung
Itallegro ist kein musikwissenschaftliches Werk. Das Buch möchte auf eine Weise informieren und unterhalten, dass sowohl musikinteressierte Laien als auch Musikologen und Profimusiker mit Gewinn und Vergnügen darin lesen können.

Nun aber: Musica, maestro! – was so viel bedeutet wie „Los geht's!" Jetzt können Sie in Itallegro blättern, Begriffe suchen, Geschichten lesen, sich in das Buch vertiefen und hoffentlich Ihre Freude daran haben.

BUON DIVERTIMENTO! – Viel Vergnügen!

Wiesbaden, im Herbst 2019
Jutta Eckes

Zur Aussprache

Die folgenden Ausspracheregeln dienen nur der groben Orientierung. Es gibt mindestens so viele Ausnahmen wie Regeln. Vieles ist auch Definitionssache: Wenn beispielsweise im Deutschen von „offenen" und „geschlossenen" Vokalen die Rede ist, klingen diese anders als offene bzw. geschlossene Vokale in der italienischen Sprache. Insbesondere bei den Buchstaben e, o, aber auch beim Konsonanten z ist es ratsam nachzuschauen oder nachzuhören, wie diese in einem bestimmten Wort gesprochen werden.
Im Italienischen liegt die Betonung in der Regel auf der vorletzten Silbe. Viele Wörter haben den Hauptton aber auch auf der drittletzten Silbe.

Zudem gibt es Wörter, die auf der letzten Silbe betont werden. Diese sind jedoch mit einem Akzent versehen. z. B. caffè, così.
Inzwischen gibt es im Internet einige Seiten, auf denen Sie sich Wörter vorsprechen lassen können, z. B.: https://it.wordhippo.com; https://dict.leo.org/italienisch-deutsch/ und http://www.dizionario.rai.it/
Die Wörter des Itallegro-Glossars, der vorliegenden Aussprachetabelle sowie der Vetrinette finden Sie zum Download eingesprochen im MP3-Format auf www.breitkopf.com. Dort wird auch ein weiterführendes Medienangebot zur Verfügung stehen.

Aussprache

Schreibweise	Aussprache	Beispiel
ch	[k]	**Ch**erubino, **ch**itarra
c + e oder i	[tʃ]	**ce**mbalo, **Ci**marosa
c + i vor Vokal	[tʃ] i bleibt meist stumm	**cia**o, capri**cci**o
c + a, o, u	[k]	**ca**valleria, **co**sì, **cu**ltura
gh	[g]	lar**gh**etto
g + e oder i	[dʒ]	**Ge**rmont, **Gi**lda
g + i vor Vokal	[dʒ] i bleibt meist stumm	ada**gio**, **Giu**seppe
g + a, o, u	[g]	lar**go**
gli	[ʎ]	Pa**gli**acci
gn	[ɲ]	se**gn**o, si**gn**ora
h	[stumm]	**[h]**otel
qu	[ku]	**qu**alità
s zwischen Vokalen	[z] meist stimmhaft	pau**s**a
s + b, d, g, l, m, n, v	[z] stimmhaft	**sg**abello, **sm**orzando

Aussprache

Schreibweise	Aussprache	Beispiel
s sonst	[s] stimmlos	**s**olo, **st**accato
sc + e oder i	[ʃ]	**sce**na
sc + i vor Vokal	[ʃ] i bleibt meist stumm	**sci**olto
sc + a, o, u	[sk]	**sca**la
sc + h	[sk]	**sch**erzo
v	[v]	**v**ariazione
z	[ts] stimmlos	silen**z**io
z	[dz] stimmhaft	**z**oo
a	[a]	**A**nna
e	[ɜ] offen	li**e**to, sc**e**na
e	[e] geschlossen	p**e**na, libr**e**tto
i	[i]	pr**i**ma, sonat**i**na
o	[ɔ] offen	scu**o**la
o	[o] geschlossen	c**o**da, lezi**o**ne
u	[u]	**u**nisono
a, e, i, o, u	einzeln, aber gebunden	**Ai**da, Pa**o**la, G**ui**do

Glossar

Italienische Begriffe von A–Z
Beiseite-Gesprochenes

Glossar

Musikalischer Begriff Italienisch	Deutsche Übersetzung im musikalischen Zusammenhang	A parte Beiseite-Gesprochenes
abbandono, con ~	mit Hingabe, hingebungsvoll	**Abbandonare qualcuno** bedeutet aber: **jemanden verlassen.**
accelerando	beschleunigend, eilend	
accento	Akzent, Betonung	Im Italienischen liegt die Betonung in der Regel auf der vorletzten Silbe. Viele Wörter haben den Hauptton aber auch auf der drittletzten Silbe. In der **Vetrinetta 1** finden Sie einige Wörter, die man als deutscher Muttersprachler anders betonen würde. Im opernsprachlichen Kontext kann **accento** auch **Wort** heißen. Eines der berühmtesten Beispiele für diese Bedeutung findet sich in der Arie des Herzogs von Mantua in Giuseppe Verdis Oper **Rigoletto, La donna è mobile: Die Frau ist unbeständig,** aber eben auch **muta d'accento e di pensiero = stumm an Wort und an Gedanken,** wie es wörtlich übersetzt heißt. Meint: Frauen können weder sprechen noch denken.
acciaccatura	kurzer Vorschlag	**Acciaccare** heißt eigentlich **zerdrücken, zerquetschen.**

Vetrinetta

accento

Spezielle Betonungen

baritono	Bariton	piacevole	gefällig
canone	Kanon	placido	heiter, friedlich
contemporaneo	zeitgenössisch	pubblico	Publikum
diapason	Stimmgabel	replica	Wiederholung
fervido	brennend	rondò	Rondo
funebre	düster	sassofono	Saxophon
gracile	zart, dünn	sincope	Synkope
leggio	Pult	sousafono	Sousaphon
lugubre	traurig, düster	timpano	Pauke
melomane	Musikliebhaber	triangolo	Triangel
memoria, a ~	auswendig	unisono	unisono, einstimmig
oboe	Oboe	vibrafono	Vibraphon
organo	Orgel	xilofono	Xylophon

Glossar

Musikalischer Begriff Italienisch	Deutsche Übersetzung im musikalischen Zusammenhang	A parte Beiseite-Gesprochenes
accidente	Vorzeichen	**Storiella Accidente**
accompagnato	begleitet	**Accompagnato** heißt begleitet. Sagt man das von einem Rezitativ, so wird dessen Text nicht nur vom Generalbass, sondern vom Orchester begleitet. **Recitativo secco >> recitativo** hingegen ist ausschließlich vom **Basso continuo >> basso** gestützt. Im **recitativo secco** können die Sänger rhythmisch und sprachlich freier gestalten, ganz im Sinne des **recitar cantando**, des singenden Rezitierens, wie es zur Entstehungszeit der Oper im späten 16. Jahrhundert gefordert wurde.
accordo	Akkord	Bei einem **accordo** klingen (mindestens) drei Töne zusammen. **Accordare** heißt in Einklang bringen oder stimmen. Schließlich müssen die Beteiligten bei der Akkordarbeit auch gut aufeinander abgeSTIMMT sein, wollen sie die Produktion steigern.

Storiella

Accidente

Im Italienischunterricht an den Musikhochschulen wird gerne gewitzelt, wenn es an die Übersetzung des Wortes **accidente** geht. **Accidente** heißt im musikalischen Kontext nämlich **Vorzeichen**.

„Ach so, wie im Englischen, **accident, Unfall**. Na, wenn ich vier Kreuze spielen muss, klingt das auch nach Unfall." Allgemeines Gelächter.

Tatsächlich bietet schon der lateinische Ursprung des Wortes eine Fülle an Übersetzungsmöglichkeiten, die vom Italienischen weitgehend übernommen wurden. **Accidente** = **Vorkommnis**, **Vorfall**, **Unglücksfall**, **Quälgeist**, **Plage**, **Schlaganfall**, **Zufälligkeit** … und eben auch **Vorzeichen** (!).

Ähnlich vielseitig ist das Repertoire an Redewendungen. Wenn man beispielsweise auf jemanden wahnsinnig wütend ist, kann es aus einem herausbrechen:

Ti pigliasse un accidente! = Der Schlag soll dich treffen!

Oder man hört italienische Mütter, die sich um die Gesundheit ihrer Kinder sorgen, rufen: **Ma ti prendi un accidente!** = Du holst dir noch den Tod!

Oder wenn sich die **mamma** über den herumlungernden Teenager ärgert: **Ma non fai un accidente tutto il santo giorno!** = Du machst rein gar nichts den lieben langen Tag!

Wenn es besonders schlimm steht, kann es dann sogar passieren, dass die Kinder bezichtigt werden, **diessere un accidente**, den Teufel im Leib zu haben.

Am häufigsten jedoch wird man hören: **Accidenti!** = Donnerwetter! – Mannomann! – Verflixt nochmal! – Ach, du dickes Ei! – Ach, du grüne Neune! – Herrgott nochmal! – Manometer!

So viele Bedeutungen – **Accidenti!**

Glossar

Musikalischer Begriff Italienisch	Deutsche Übersetzung im musikalischen Zusammenhang	A parte Beiseite-Gesprochenes
adagio	langsam, gemächlich	**Adagio – adagietto** Durch Luchino Viscontis Verfilmung von Thomas Manns „Tod in Venedig" erlangte das **Adagietto** aus Gustav Mahlers 5. Sinfonie eine bis heute ungebrochene Popularität. Das Anhängsel **-etto** dient der Verkleinerung eines Wortes. **Adagio**, ursprünglich **ad agio = so, wie es angenehm ist**, wird heute nur noch in der Bedeutung **langsam** oder **gemächlich** verwendet. Entsprechend ist **adagietto** etwas weniger langsam. Bei Mahler aber ist die Überschrift **Adagietto** auf die relative Kürze dieses elfminütigen Klangteppichs aus Streicher- und Harfenklängen bezogen. Weitere Verkleinerungen und Vergrößerungen finden Sie in der **Vetrinetta 2**.

Musikalischer Begriff Italienisch	Deutsche Übersetzung im musikalischen Zusammenhang	A parte Beiseite-Gesprochenes
affetto	Affekt, Gefühl	**Affetti** sind **Gemüts-** und **Gefühlszustände**, die, vor allem in der Barockzeit, in typisierter Form in Musik übersetzt werden. Bestimmte Leidenschaften kommen durch bestimmte musikalische Qualitäten zum Ausdruck, und eben diese musikalischen Qualitäten sollen dieselben Leidenschaften oder Gemütsbewegungen beim Hörer hervorrufen: So wird der Schmerz etwa durch langsames Tempo, Molltonarten, Dissonanzen wiedergegeben, die Freude durch schnelles Tempo, Durtonarten, Konsonanzen. Auch die Instrumentierung spielt hierbei eine Rolle. Der französische Philosoph René Descartes systematisierte die Affektenlehre und benennt sechs Grundformen: Bewunderung, Liebe, Hass, Verlangen, Freude, Trauer (Traité des passions de l'âme = Abhandlung über die Leidenschaften der Seele, Paris 1649).

Vetrinetta

adagio

Größer und kleiner

-etto/a verkleinert ein Wort

allegretto	weniger schnell als **allegro**
fughetta	kleine Fuge
larghetto	weniger breit als **largo**, also etwas schneller als **largo**

-ino/a verkleinert ein Wort

andantino	weniger gehend, also weniger schnell als **andante**
sonatina	kleine Sonate

-ello/a verkleinert ein Wort

ponticello	Steg, eigentlich: Brückchen

-one vergrößert ein Wort

buffone	Narr, Spaßvogel
cartellone	Spielplan
trombone	Posaune, eigentlich: die große Trompete

-issimo/a verstärkt ein Adjektiv

pianissimo	sehr leise
fortissimo	sehr laut

Vetrinetta >>adagio — Größer und kleiner

Varie – Vermischtes: Manche Anhängsel verändern die Bedeutung eines Wortes

Wort mit Anhängsel		Wort ohne Anhängsel	
canzonetta	Schlager	canzone	(Volks-)Lied
clarinetto	Klarinette	clarino	hat ohne Anhängsel keine eigene Bedeutung
cornetto	Zink (Instrument)	corno	Horn
duetto (ebenso: quartetto, quintetto etc.)	Duett (Quartett, Quintett)	duo	Duo
		quarto	vierte/r/s oder Quarte
		quinto	fünfte/r/s oder Quinte
falsetto	Falsett	falso	falsch
gruppetto	Doppelschlag, Grüppchen	gruppo	Gruppe
motetto	Motette	hat keine andere Form	hat keine andere Form
musichetta	Gedudel	musica	Musik
operetta	Operette	opera	Oper, Werk
ritornello	Refrain	ritorno	Rückkehr
tallone	Frosch (Streichinstrumente)	hat keine andere Form	hat keine andere Form

Glossar

Musikalischer Begriff Italienisch	Deutsche Übersetzung im musikalischen Zusammenhang	A parte Beiseite-Gesprochenes
`allegro`	schnell (2)	Das Wort **allegro** ist eine Tempobezeichnung und wird meist mit schnell übersetzt. Im musikalischen Zusammenhang ist das auch richtig, denn **allegro** gibt an, dass ein Stück schnell gespielt werden soll. Aber wie schnell? Schneller als ein **andante** >> **andante** und langsamer als ein presto >> **presto**, das heißt nicht zu langsam, aber auch nicht zu schnell. Eigentlich bedeutet **allegro** jedoch **fröhlich**. Noch zu Mozarts Zeiten beschrieb man die Qualität eines Stückes mit einem >> **affetto** = **Affekt**, man ordnete die Musik also einem Gefühl zu, nicht einer Geschwindigkeit >> **adagio**. Erst im Laufe des 18. Jahrhunderts wandelte sich die Affektbezeichnung in eine Tempoangabe.
alto	hoch, laut	`Storiella ALT!`
andante, `andantino` (2)	gehend	
animato	belebt	**Animato** heißt eigentlich beseelt. **Anima** = Seele

Storiella

Die Autobahnmaut, fünf lange Jahre Zankapfel in der deutschen Politik, ist in Italien schon seit Jahrzehnten Realität. Hinter jedem Autobahnabschnitt stehen Bezahlhäuschen, auf die mit Hinweisschildern **ALT! Stazione** aufmerksam gemacht wird, damit jedem Fahrer klar wird: Jetzt heißt es Tempo drosseln und Portemonnaie zücken.

Das völlig unitalienische **ALT**, ein amputiertes, deutsches **HALT**, fand ich schon immer befremdlich, aber offenbar ist es in seiner militärischen Zackigkeit so wirkungsvoll, dass Italiener es in ihren Sprachschatz aufgenommen haben.

Dieses **ALT** hat mit dem Stimmfach nichts zu tun. Die Altlage wird mit **contralto** bezeichnet. Darin steckt das lateinische **altus**, im Italienischen **alto**, was **hoch** heißt. Aber wieso **hoch**? Der Alt ist doch eine tiefe Frauenstimme. Stimmt. Eine tiefe Frauenstimme. Aber da Frauen zur Zeit der Kastraten nichts in der Kirche zu suchen hatten, wurde die entsprechende Stimmlage von Männern gesungen. Und für Männer ist der Alt in der Tat eine hohe Lage. Darüber kommt nur noch der Sopran, der **sopra** (= **darüber**) ist.

Jenseits musikalischer Kontexte taucht **alto** beispielsweise in der Frage auf: **Quanto è alto?** = Wie groß sind Sie? Eigentlich: Wie hoch sind Sie? Was ja präziser ist als das vieldeutige, deutsche **groß**. Es kann allerdings für einen Italiener, der des Deutschen nicht hundertprozentig mächtig ist, auch zur Sprachfalle werden, dann nämlich, wenn er auf die Frage „Wie alt sind Sie?" antwortet: „1,82 m".

Glossar

Musikalischer Begriff Italienisch	Deutsche Übersetzung im musikalischen Zusammenhang	A parte Beiseite-Gesprochenes
appassionato	leidenschaftlich	In dieser Vortragsbezeichnung steckt natürlich **passione** = **Leidenschaft**. Bei der Passionsmusik liegt der Schwerpunkt allerdings auf dem Leiden, dem Leiden Christi.
appoggiatura	langer Vorschlag	**appoggiarsi** = **sich aufstützen**
appoggio	(Atem-)Stütze	
arco	Bogen	Setzt man das Wort **arco** in den Plural, **archi**, so bezeichnet man damit gleich die ganze Instrumentengruppe. Die **archi** = **Bögen** sind die Streicher. Diese zählen zu den **strumenti a corde**, den **Saiteninstrumenten**. Das sind jedoch nicht nur die Streicher, sondern auch die **strumenti a pizzico**, die **Zupfinstrumente**. Eine Übersicht der Instrumentengruppen finden Sie in der Vetrinetta 3.
aria	Arie	**Aria** heißt auch **Luft**.
armonica (a bocca)	(Mund-)harmonika	
arpa	Harfe	Storiella Die arpa del benessere
assai	ziemlich, sehr	

Vetrinetta

3

arco

Instrumentengruppen

fiati/Bläser

legni/Holzbläser   ottoni/Blechbläser

strumenti a corde/Saiteninstrumente

archi/Streicher   strumenti a pizzico/Zupfinstrumente

strumenti a tastiera/Tasteninstrumente

batteria; strumenti a percussione/Schlag- bzw. Percussionsinstrumente

Storiella

Die arpa del benessere — die Wellnessharfe

In Massagepraxen und auch bei der Kosmetikerin werden gerne entspannungsfördernde Mittel eingesetzt – vom Räucherstäbchen über die Duftkerze bis hin zur Wellnessmusik ist alles erlaubt, was den **relax** begünstigt. So kommt auch ein (meist) computergeneriertes Harfengezirpe zum Einsatz, das die Kundin oder den Kunden mental in himmlische Sphären versetzen soll.

Die **arpa** erklingt im großen Orchester, sie erklingt auf Mittelaltermärkten bei Minnesängercontests, und sie untermalt seltsamerweise auch hin und wieder den italienischen Wetterbericht. Die Vorhersagen des sogenannten **Meteo**, den man sich auf den Kanälen des staatlichen Fernsehens RAI UNO, DUE oder TRE anschauen kann, werden von einem ranghohen Bediensteten der italienischen Luftwaffe vorgetragen, denn das Wetter in Italien wird hier seit 1987 von der **aeronautica militare** gemacht.

Es entsteht ein merkwürdiger Kontrast: Da erscheint ein hochdekorierter Soldat und spricht sehr schnell und meistens schlampig seinen sachlichen Text von Aufheiterungen, Niederschlägen, Nebelbänken und starken Winden zum sanften Säuseln einer Harfe.

Man muss sich das so vorstellen: Aus der Perspektive des Zuschauers steht am linken Bildrand ein **tenente colonnello**, ein **Oberstleutnant**, oder sogar ein **ufficiale**, ein **Offizier**, in schicker Uniform, weiter rechts ist die Wetterkarte mit Temperaturangaben, Sönnchen und Wölkchen zu sehen, die von Norden nach Süden, von Stadt zu Stadt, zum soften Soundtrack der Synthesizer-Harfe nach und nach eingeblendet werden.

Vielleicht ist das ja der Schlüssel dafür, dass in Italien öfter die Sonne scheint: Der engelhafte Klang der Harfe reißt den Himmel auf. **Chissà – wer weiß!**

Glossar

Musikalischer Begriff Italienisch	Deutsche Übersetzung im musikalischen Zusammenhang	A parte Beiseite-Gesprochenes
attacca; attacco	sofort, ohne Unterbrechung; Einsatz	Mit dem Wort „Attacke" assoziiert man im Deutschen ausschließlich den Angriff. Dabei meint **attaccare** eigentlich **anheften, befestigen, anbringen**. In der Musik ist **attacca** eine Anweisung, einen neuen Satz oder einen neuen musikalischen Abschnitt ohne Pause direkt an den vorherigen anzuschließen, und bei den Blasinstrumenten fordert das Wort **attacca** zum Tonanstoß auf. Zum Verb **attaccare** gibt es außerdem eine schöne Redewendung: **attaccare un bottone**, was wörtlich übersetzt **einen Knopf annähen** bedeutet, aber im übertragenen Sinne **jemanden vollquatschen** meint. Etwa: Ich habe XY getroffen, **mi ha attaccato un bottone = der hat mich vielleicht vollgequatscht**. Das Bild erklärt sich eigentlich von selbst: Beim Annähen eines Knopfes kann man nicht weglaufen, ist man an den anderen gebunden. Ginge man weg, risse der Faden – sowohl in der wörtlichen als auch in der bildhaften Bedeutung. Dirigenten sollten wissen, dass **dare l'attacco** (Endung -o!) **den Einsatz geben** heißt.

Glossar

Musikalischer Begriff Italienisch	Deutsche Übersetzung im musikalischen Zusammenhang	A parte Beiseite-Gesprochenes
atto	Akt	**Atto** ist der Teil eines Theaterstücks oder einer Oper, nicht das Abbild einer nackten Person! Das wäre der **nudo**.
bacchetta	Taktstock	Denkt man an das französische Weißbrot, so lässt sich das Wort **bacchetta** gut merken: Ein Baguette ist nichts anderes als ein Brot, das wie ein Stock aussieht.
barocco	Barock	Weitere Epochen finden Sie in der Vetrinetta 4.
basso, ~ continuo	Bass, Generalbass	Ein **basso** ist ein **Bass (-sänger)**. Weitere Stimmlagen siehe Vetrinetta 9. Ein **basso continuo** ist jedoch kein Bass, der Nonstop singt, sondern bezeichnet ein wesentliches Gestaltungselement der Barockmusik: Meistens spielt ein Melodieinstrument (wie z. B. Cello oder Viola da gamba) die tiefste Instrumentalstimme, und passend dazu ergänzt ein Harmonie-Instrument wie die Orgel oder das Cembalo die entsprechenden Akkorde. >>

Vetrinetta

barocco

Musikgeschichte

Medioevo	Mittelalter
Rinascimento	Renaissance
Barocco	Barock
Classicismo	Klassik
Romanticismo	Romantik
Tardo Romanticismo	Spätromantik
Musica del ventesimo secolo/ del Novecento	Musik des 20. Jahrhunderts
Musica contemporanea	Zeitgenössische Musik

Glossar

Musikalischer Begriff Italienisch	Deutsche Übersetzung im musikalischen Zusammenhang	A parte Beiseite-Gesprochenes
		>> Anmerkung am Rande: Ein **bassotto** ist ein Dackel. **Bassotti** heißen aber auch die Panzerknacker in den Donald-Duck-Geschichten von Carl Barks. Im englischen Original sind es übrigens Beagle, keine Dackel.
batteria 3	Schlagzeug	**Batteria** kann auch die Batterie sein.
battuta	Takt	Eigentlich: die oder das **Geschlagene**.
bemolle	Be ♭	**Bemolle** ist einfach ein **b**, im Unterschied zum Kreuz, nicht die Tonart b-moll. Diese heißt **si bemolle minore**. Weitere Notenintervalle finden Sie in Vetrinetta 6.
belcanto	Belcanto	Fällt das Wort **belcanto**, so assoziiert man schnell: Bellini, Donizetti, Rossini. In der Tat haben diese Komponisten in der Zeit zwischen 1810 und 1850 Opern geschrieben, die man diesem stimmtechnisch anspruchsvollen Gesangstil zurechnet. Von Mozart stammt die Formulierung der „geläufigen Gurgel", und eben diese braucht es für den stark verzierten, koloraturreichen **Schöngesang**, wie die wörtliche Übersetzung von **belcanto** lautet. >>

Glossar

Musikalischer Begriff Italienisch	Deutsche Übersetzung im musikalischen Zusammenhang	A parte Beiseite-Gesprochenes
		>> Doch begonnen hat es schon viel früher, im 17. und 18. Jahrhundert nämlich, als **castrati** = **Kastraten** dem **belcanto** zu Ruhm verhalfen. Man sprach vom überirdisch schönen Gesang jener schon vor der Pubertät entmannten Knaben, deren hohe, weibliche Stimmen in männlichen Klangkörpern steckten. Mit der **evirazione**, der Entmannung, zahlten diese jungen Männer allerdings einen hohen Preis für die Kunst. Nicht zufällig nannte die Mezzosopranistin Cecilia Bartoli ihr 2009 erschienenes Album **Sacrificium** = **Opfer**. Sie gedenkt damit der großen Kunst der Kastraten, erinnert aber auch an das Leid der vielen tausend entmannten Knaben, denen eine Sängerkarriere versagt blieb.
bis	Zugabe	Wenn das italienische Publikum eine Zugabe wünscht, ruft es **bis!**, was eigentlich heißt, **Ein zweites Mal!** Die alte lateinische Vorsilbe mit der Bedeutung **Zwei** ist auch in deutschen Fremdwörtern noch präsent: bipolar, bisexuell.

Glossar

Musikalischer Begriff Italienisch		Deutsche Übersetzung im musikalischen Zusammenhang	A parte Beiseite-Gesprochenes
biscroma/trentaduesimo	6	Zweiunddreißigstelnote	
brano		Stück	
bravura		Bravour	
brio, con ~		schmissig, mit Feuer, lebhaft	**Brio = Schwung, Spritzigkeit**
buffo; **buffone**; opera buffa	9	komisch; Hofnarr; komische Oper	Storiella Buffo, Buffon, Buffone
calmando		beruhigend	
camera, musica da ~		Kammermusik	**camera** = Kammer, Zimmer. Dass **camera** Zimmer heißt, weiß jeder Tourist, der in Italien schon im Hotel reserviert hat: **camera doppia** = Doppelzimmer; **camera singola** = Einzelzimmer. Hoteliers lassen aus Bequemlichkeit das Wort **camera** oft weg und sprechen nur von der **doppia** oder der **singola**. Oder auch von der **doppia uso singola**. Das ist ein **Doppelzimmer**, das als **Einzelzimmer** vermietet wird.

Storiella

Buffo, Buffon, Buffone

Ein **buffone** ist ein **Hofnarr**, ein **Komiker**, und der berühmteste seiner Art für Opernfans ist wahrscheinlich **Rigoletto**.

Hofnarren mussten nicht nur ihre jeweiligen Herren mit allen möglichen Scherzen belustigen, sondern auch etwas an sich haben, was sie aus damaligem Blickwinkel per sé schon zu komischen Figuren machte. Das waren oft irgendwelche körperlichen Besonderheiten: Kleinwuchs, übergroße Nasen, Augen, Ohren. Im Falle Rigolettos, der sich selbst als **difforme** (= **unförmig**) bezeichnete, der Buckel.

Das Wort **buffo** – das übrigens auch der **opera buffa**, der **komischen Oper**, ihren Namen gab – ist lautmalerisch und wahrscheinlich dem Geräusch geschuldet, das entsteht, wenn man die Wangen aufbläst und dann mit den Händen auf sie schlägt, so dass die Luft über den Mund entweichen muss. Das hört sich an wie „buff".

Der **buffone** wurde im Mittelalter zu einer so wichtigen Figur, dass er an allen europäischen Höfen vertreten war. Ihm kam nicht nur die Aufgabe zu, den Herrscher zu unterhalten, sondern er durfte ihm als einziger Höfling auch die Wahrheit sagen. Der ursprüngliche Gedanke dabei war der eines **memento mori**: Der Souverän sollte daran erinnert werden, dass auch er sterblich ist, gottesfürchtig zu sein hat und sich nicht über andere erheben darf. Diese Freiheit in der Rede, von der heute vor allem im Karneval noch Gebrauch gemacht wird, ist die sprichwörtliche Narrenfreiheit.

Der Narr ist frei, die Wahrheit zu sagen, was nicht heißt, dass man jeden Unsinn, den er fabriziert, gutheißen muss. Wenn Gianluigi **Buffon**, Ex-Torhüter der **italienischen Nationalelf**, der **squadra azzurra**, und über viele Jahre einer der berühmtesten Narren von König Fußball, ein T-Shirt mit einem faschistischen Zitat (**Boia chi molla** = **Gehängt sei, wer aufgibt**) trägt oder das Banner eines Fans entrollt, auf dem der Spruch **Stolz, Italiener zu sein!** mit einem Zeichen der rechtsradikalen Szene, dem Keltenkreuz, zu sehen ist, so ist das nicht mehr lustig, sondern geschmacklos, selbst wenn der Nationalbuffone hinterher behauptet, es sei alles nicht so gemeint gewesen.

Glossar

Musikalischer Begriff Italienisch	Deutsche Übersetzung im musikalischen Zusammenhang	A parte Beiseite-Gesprochenes
campana	Glocke	**Stonato come una campana = verstimmt wie eine Glocke** nennt man jemanden, der völlig unmusikalisch ist.
canone	Kanon	**Canone** nennt man auch die zu entrichtende Rundfunk- und Fernsehgebühr, vergleichbar dem Beitrag, der in Deutschland an die GEZ gezahlt werden muss. **Secondo i canoni** bedeutet **gemäß den Vorschriften**.
cantabile	gesanglich, liedhaft	
cantante	Sänger/in	Setzt man hinter das **cantante** noch ein **lirico**, wird ein Opernsänger daraus. Die **cantante lirica** ist die Opernsängerin. Nicht zu verwechseln mit der **cantata** = Kantate.
cantata	Kantate	**Cantata** wörtlich übersetzt ist das **Gesungene**. Weiter Formen und Gattungen finden Sie in **Vetrinetta 5**.
canto	Gesang	**Canto lirico = Operngesang**
canzone; canzonetta	(Volkslied); Schlager	Im Unterschied zum **lied >> lied**

Glossar

Musikalischer Begriff Italienisch	Deutsche Übersetzung im musikalischen Zusammenhang	A parte Beiseite-Gesprochenes
capo, da ~	von vorne	**Storiella Capo und Coda** Eigentlich heißt **da capo vom Kopf an**. Der **capo** ist der Chef und ein **capolavoro** ein **Meisterwerk**.
capriccio	Capriccio	Ein **capriccio** ist eine **Laune**. So erklärt sich auch die italienische Redensart **Ogni riccio un capriccio**, die sich so schön reimt und Lockenköpfen Launenhaftigkeit zuschreibt: **Jede Locke eine Laune**.
carta da musica	Notenpapier	**Carta (da) musica** nennt man auch ein hauchdünnes Brot, das seinen Ursprung auf Sardinien hat. Auf Sardisch heißt es **pane carasau**.
cartellone	Spielplan	
castrato	Kastrat	Schon seit 1870 entmannt man keine jungen Männer mehr, denn in jenem Jahr wurde die Kastration verboten. Der sogenannte „letzte Kastrat", von dessen Gesang sogar Tonaufnahmen existieren, hieß Alessandro Moreschi. Er starb 1922. >>

Vetrinetta

cantata

Formenlehre + Gattungen — Morfologia e generi

cantata	Kantate
capriccio	Capriccio
concerto	Konzert
divertimento	Divertimento
dramma per musica	ernste Oper
fuga	Fuge
introduzione	Einleitung, Einführung
lamento	Klagelied
lied	Lied
lirica	Oper

Vetrinetta >>cantata — Formenlehre + Gattungen — Morfologia e generi

madrigale	Madrigal
melodramma	Oper
messa	Messe
motetto	Motette
opera; ~ seria; ~ semiseria; ~ buffa; ~ lirica	Oper; ernste halbernste ~; komische ~
oratorio	Oratorium
passione	Passion
pasticcio	Pasticcio
preludio	Präludium, Vorspiel
recitativo	Rezitativ
romanza	Opernarie
serenata	Serenade
sinfonia	Sinfonie, Symphonie
sonata; ~ da camera; ~ per pianoforte	Sonate; Kammer~; Klavier~
sonatina	Sonatine
suite	Suite
toccata	Toccata

Storiella

Capo und Coda

Wenn Italiener sagen, dass eine Sache weder **capo** noch **coda** habe, so meinen sie, die Sache habe weder Hand noch Fuß.

Capo für sich genommen heißt **Kopf** oder **Haupt**. **Da capo** bedeutet also, dass etwas **vom Kopf an**, also noch einmal, von Anfang an, gespielt oder gesungen werden soll.
Coda heißt **Schwanz**. Insofern eignet sich dieser Begriff sehr gut, um den angehängten Schlussteil einer Musik zu bezeichnen.

Im italienischen Alltag wird das Wort **coda** für ein lästiges Phänomen moderner Zeiten verwendet, den Stau auf der Autobahn. Klar, eine lange Reihe aus Autos wird zu einem **Schwanz**.

Die Mehrdeutigkeit des Begriffs (**Schwanz**, **Stau**) kann Deutsch lernenden Italienern zur Sprachfalle werden: „Ich habe ein Tier gesehen mit einem langen Stau!", gab ein italienischer Freund zum Besten – zur großen Irritation der deutschen Zuhörer, die nicht verstanden, was er meinte. Er wollte von einem Eichhörnchen erzählen …

Glossar

Musikalischer Begriff Italienisch		Deutsche Übersetzung im musikalischen Zusammenhang	A parte Beiseite-Gesprochenes
			>> Im Zeitalter der Barockmusik waren die engelgleich singenden Knaben jedoch unverzichtbar. Durch die Kastration kamen sie nicht in den Stimmbruch, behielten also eine Alt- oder Sopranstimme, die sie jedoch mit dem Volumen eines Männerkörpers zu großer Klangentfaltung bringen konnten. >> **belcanto** und >> **controtenore**
chiave, ~ di violino		Schlüssel, Violinschlüssel	
chitarra		Gitarre	
clarinetto		Klarinette	
classicismo	4	Klassik	
clavicembalo		Cembalo	
coda		Koda, Abschluss	>> **capo** und >> **pianoforte**
concerto	5	Konzert	
concitato		erregt	**Genere concitato = erregtes Genre** ist ein von Claudio Monteverdi geprägter Begriff, mit dem er seine neue Art zu komponieren beschreibt, die wegbereitend für die Entstehung der Oper ist. Im Vorwort zum achten Madrigalbuch >>

Glossar

Musikalischer Begriff Italienisch	Deutsche Übersetzung im musikalischen Zusammenhang	A parte Beiseite-Gesprochenes
		>> spricht er von drei Gefühlskategorien (Vorläufern der Affekte), die er über Musik ausdrückt: den **genere concitato** (den **erregten Stil** für kriegerische Auseinandersetzungen oder Zornesausbrüche), den **genere temperato** (die **Mäßigung der Gefühle**) und den **genere molle** (den **weichen Stil** zum Ausdruck der Ergebenheit, der Demut und des Flehens).
conservatorio	Konservatorium, Musikhochschule, Musikschule	Storiella Conservatorio
contemporaneo 1 4	zeitgenössisch	Storiella Stockhausen
contrabbasso	Kontrabass	
contralto	Alt	
contrappunto	Kontrapunkt	**Punto contra punto = Punkt gegen Punkt** Das Wort bezieht sich auf die Art des Notenschreibens: Den schon vorhandenen Punkten (oder Noten) einer Melodie wurden nach bestimmten Regeln >>

Storiella

Stockhausen

Musica contemporanea (= **Zeitgenössische Musik**) begeistert in Italien wie auch im restlichen Europa nur eine Minderheit. Mit Hilfe von Stipendien und thematischen Festivals versucht man zwar immer wieder, den „Neutönern" auf die Sprünge zu helfen, doch der Erfolg ist mäßig.

Um so überraschter war ich, als ich im Shuttlebus zum Flughafen Genua Ohrenzeugin einer Situation wurde, die die gängige Meinung „Neue Musik hört kein Mensch." zu entkräften schien.

Hinter mir saß ein Grüppchen vergnügter Männer und Frauen jenseits der Sechzig, das sich angeregt und recht laut unterhielt, sodass ich den einen oder anderen Gesprächsfetzen aufschnappen konnte. Über Reiseziele wurde gesprochen: Wohin man am liebsten fährt, was man wo für sein Geld bekommt, welche Länder man schon besucht hat, kurz, ein Namedropping des „Wo am besten, am billigsten, am schönsten".

Ich fand das nicht weiter belauschenswert und schaute lieber aus dem Fenster, um die prächtigen Fassaden der **Via Venti Settembre** und die heruntergekommenen Ecken an den Rändern der Stadt zu betrachten, an denen der Bus vorbeifuhr.

Auf einmal hörte ich hinter mir eine Frau aus der Gruppe aufgeregt „Stockhause" rufen, und das gleich mehrfach: „Stockhause, Stockhause!"

Ich konnte es kaum glauben. Das Gespräch des Grüppchens war bei der Neuen Musik angekommen. Diese Italienerin kannte Karl-Heinz Stockhausen. Unfassbar. Wie sehr man sich in Menschen doch täuschen kann.

Doch dann – der Bus hielt gerade an einer Ampel – fiel mein Blick auf ein Schaufenster, über dem der Schriftzug **Stockhouse** zu lesen war. Das ist das in Italien gängige Wort für **Outlet** – Markenmode zu günstigem Preis.

Storiella

Conservatorio — die Kinderverwahranstalt

An meinem Badezimmerspiegel hatte ich vor vielen Jahren ein Flugticket befestigt. Darauf war der klangvolle Nachname meines italienischen Freundes zu lesen, den ich kurz zuvor kennengelernt hatte: **degli Esposti**. Mit dem vorangestellten **degli** assoziierte ich, vom Märchenprinzen träumend, einen Adelstitel. Doch mein Freund beraubte mich schnell dieser Illusion.

Der Name **Esposti** oder **Esposito** (vom Lateinischen **expositus** = **ausgesetzt, ausgestellt**) erzählt vielmehr die traurige Geschichte von Kindern, die in Neapel geboren und von ihren Eltern ausgesetzt wurden – nicht, weil diese so herzlos gewesen wären, sondern weil bittere Armut sie dazu zwang. Man legte die Kinder vor Häuser und Kirchen und hoffte, dass ein Bessergestellter sie finden und sich ihrer annehmen möge. Das geschah im 16. und 17. Jahrhundert, als Neapel zu den größten Städten Europas zählte und es entsprechend viele arme, kinderreiche Familien gab, deren Brot und Verdienst selten für alle reichten. So überließ man Babys und Kleinkinder oft ihrem Schicksal. Manchmal starben die Eltern auch früh, sodass die Kinder sich als Waise durchschlagen mussten.

Dieses Elend ließ Klöster und Klerus nicht unberührt: Man erkannte die Notwendigkeit, Findelkindern und Waisen zu helfen, ihnen Essen und Unterkunft zu geben und sie darüber hinaus im Lesen, im Schreiben und in der Musik zu unterrichten. So entstand im Jahre 1537 in der Nähe der Kirche **Santa Maria di Loreto** die erste Einrichtung, die Kinder „konservierte", also „verwahrte", und ihnen etwas beibrachte. Im Laufe der Jahre nahm der Teil der musikalischen Ausbildung einen immer größeren Raum ein, und so entwickelte sich das, was einmal Kinderverwahranstalt war, zum Konservatorium.

Die Vernachlässigung des Kindeswohls – wie man es im heutigen Bürokratendeutsch sagen würde – war lange ein Problem: Immer mehr solcher barmherziger Institute waren vonnöten. So entstanden in Neapel nicht nur die ersten vier Konservatorien, sondern man richtete auch die allererste Babyklappe, die **ruota degli esposti** (= **das Rad der Ausgesetzten**) ein, wo Mütter unerkannt ihre Kinder zurücklassen konnten.

Am 1. Januar 1623 wurde dort das erste Kind mit dem Nachnamen **Esposito** (= **der Ausgesetzte**) registriert. **Esposito** ist einer der geläufigsten süditalienischen Nachnamen und hat inzwischen in ganz Italien in verschiedenen Varianten Verbreitung gefunden: **Spòsito**, **Esposto**, oder wie beim Namen meines damaligen Freundes, **degli Esposti**, der dann leider doch kein Märchenprinz war …

Glossar

Musikalischer Begriff Italienisch	Deutsche Übersetzung im musikalischen Zusammenhang	A parte Beiseite-Gesprochenes
		>> neue entgegen gesetzt, um so eine harmonisch und rhythmisch sinnvolle Führung der Stimmen zu schaffen. Der **contrappunto** ist eine Methode, mehrstimmige Musik zu organisieren.
controtenore	Countertenor	Auch: **contraltista** **>> castrato** und **>> belcanto** Nach dem Kastrationsverbot stellte sich natürlich die Frage, wie die Männerrollen in Sopran- und Altlage zu besetzen seien, denn in der Barockmusik war den Helden oft die höchste Stimme zugedacht. Zunächst schrieb man solche Partien für Männerstimmlagen um. Mit dem Aufkommen der historisch informierten Aufführungspraxis jedoch, die den Anspruch hat, so nahe wie möglich an das barocke Klangideal heranzukommen, schien diese Methode nicht mehr akzeptabel. Man empfand die veränderte Stimmlage als einen zu massiven Eingriff in die Musik. **>>**

Glossar

Musikalischer Begriff Italienisch	Deutsche Übersetzung im musikalischen Zusammenhang	A parte Beiseite-Gesprochenes
		>> So fing man an, die entsprechenden Partien entweder mit Frauenstimmen oder mit Countertenören zu besetzen. Countertenöre singen in hohen Stimmlagen (Sopran und Alt) mit der Kopfstimme, die sie mit Hilfe der Resonanz des Brustraums verstärken. Der Counterklang unterscheidet sich dennoch sehr von demjenigen der Kastraten, die ja mit den (kürzeren) Stimmbändern einer Frau, aber mit der Lunge eines erwachsenen Mannes sangen.
corda; ~ vocale	Saite; Stimmband	Das Wort **corda** ist vieldeutig: Es kann **Seil, Strick, Schnur, Strang,** aber eben auch **Saite** bedeuten. Die **corde vocali** sind die Stimmbänder. Wenn man **sta sulle corde, auf den Seilen sitzt,** ist man gespannt wie ein Flitzebogen. Hat man die **corda al collo,** den Strick am Hals, steht einem das Wasser bis zum Hals. In der Vergrößerungsform **cordone** wird in Verbindung mit **ombelicale** die **Nabelschnur** daraus.
cornamusa	Dudelsack	

Glossar

Musikalischer Begriff Italienisch	Deutsche Übersetzung im musikalischen Zusammenhang	A parte Beiseite-Gesprochenes
corno, **cornetto** ②	Horn; Zink	**Storiella Corno**
coro	Chor	**Coro**: nicht zu verwechseln mit dem Wort **cor(e)** = Herz, wie man es oft in den Libretti findet. Heute heißt es **cuore**.
crescendo	wachsend, lauter werdend	Das Wort **crescendo** lässt sich auch jenseits der Musik gebrauchen. Zum Beispiel: **Il bambino sta crescendo** = **Das Kind wächst**. Weitere Begriffe zur Dynamik in **Vetrinetta 7**.
croma ⑥	Achtelnote	
da capo	von vorne	>> capo
debole	schwach	
debutto	Debüt	
decima ⑥	Dezime	
decrescendo ⑦	leiser werdend	
delicatezza, con ~	mit Zartheit	
devoto	ergeben, andächtig	
diapason (da camera) ①	Stimmgabel	**Diapason** ist das griechische Wort für **Oktave**. Übersetzt man es wörtlich, bedeutet es **durch alle (Saiten)**.

Storiella

Corno

Als ich meine italienischen Freunde während einer Autofahrt fragte, wieso sich X denn nun von Y getrennt habe, bekam ich zur Antwort: **Per una storia di corna.** – Wegen einer Hörnergeschichte.

Um das zu verstehen, muss man wissen, dass es um das Hörneraufsetzen geht, eine Wendung, die man benutzt, um auszudrücken, dass Mann und Frau einander betrügen. Älteren Semestern ist dieser Ausdruck auch im Deutschen geläufig, Jüngere wissen oft schon nichts mehr mit ihm anzufangen.

In Italien hingegen ist das **mettere le corna**, das Hörneraufsetzen, allgegenwärtig. Mit der Wendung wird gewitzelt und gespielt nach der Devise: Wer den Schaden hat, braucht für den Spott nicht zu sorgen. Die Geschädigten sind die **cornuti**, die **Gehörnten**. Die passende Geste dazu ist die aufgerichtete Hand mit nach oben stehendem kleinem Finger und Zeigefinger und abgeklapptem Mittel- und Ringfinger.

Diese populäre Geste kommt vor allem unter Autofahrern gern zum Einsatz: **Sei un cornuto!** – „Du bist ein Gehörnter, ein Weichei, deine Frau betrügt dich, du lässt alles mit dir machen, und Auto fahren kannst du auch nicht." All das schwingt in dieser Beschimpfung mit.

Das Bild des **cornuto** ist so alt, dass es auch Mozart schon geläufig war, der damit seine musikalischen Späße trieb und das Horn im Opernorchester gerne dann einsetzt, wenn es um das Betrügen geht. Also Vorsicht beim Umgang mit dem **corno** und der Vielzahl seiner Bedeutungen: Ein **cornetto** ist ein **Hörnchen**, eine **cornetta** der altmodische **Telefonhörer**, und der **Hornist** ist der **cornista**. Man mache ihn bitte nicht zum **cornuto**.

Vetrinetta

croma

Noten, Intervalle & Co

Intervalli	Intervalle
prima	Prim
seconda	Sekunde
terza	Terz
quarta	Quarte
quinta	Quinte
sesta	Sexte
settima	Septime
ottava	Oktave
nona	None
decima	Dezime
aumentato	übermäßig
diminuito	vermindert
giusto	rein

Valori delle note	Notenwerte
semibreve/intero	ganze Note
minima/metà	halbe Note
semiminima/quarto	Viertelnote
croma	Achtelnote
semicroma/sedicesimo	Sechzehntelnote
biscroma/trentaduesimo	Zweiunddreißigstelnote
semibiscroma/semifusa	Vierundsechzigstelnote

Accidenti	Vorzeichen
diesis	Kreuz ♯
bemolle	♭
doppio diesis	Doppelkreuz 𝄪
doppio bemolle	Doppel-Be ♭♭

Note	Noten
do	c
re	d
mi	e
fa	f
sol	g
la	a
si	h

Glossar

Musikalischer Begriff Italienisch	Deutsche Übersetzung im musikalischen Zusammenhang	A parte Beiseite-Gesprochenes
diesis (6)	Kreuz ♯	**Diesis** funktioniert nur im musikalischen Zusammenhang. Das Kreuz heißt ansonsten **croce**.
dilettante	Liebhaber, Laie	Der **dilettante** hat im Unterschied zum Deutschen keinen abwertenden Beigeschmack, sondern meint einfach nur jemanden, der etwas aus Freude tut (das Wort kommt vom Lateinischen **delectare** = **erfreuen**). Ein **dilettante** in der Musik ist einfach jemand, der gerne musiziert, dies aber nicht professionell tut.
diminuendo (7)	leiser werdend, abnehmend, nachlassend	
direttore d'orchestra; ~ di coro	Dirigent; Chorleiter	Vorsicht: Das Wort **dirigente** gibt es im Italienischen auch, bedeutet aber **leitender Angestellter** oder **Führungskraft**.
dirigere	dirigieren	In einem weiteren Sinne heißt **dirigere lenken**, **leiten**, **führen**. >> direttore d'orchestra
dissonante	dissonant	missklingend
divertimento (5)	Divertimento	**Buon divertimento!** = **Gute Unterhaltung! Viel Spaß!**

Glossar

Musikalischer Begriff Italienisch	Deutsche Übersetzung im musikalischen Zusammenhang	A parte Beiseite-Gesprochenes
do 6	c	
dolce, dolcemente	sanft, süß, weich	Die Blockflöte heißt auf Italienisch **flauto dolce**, die **sanfte** oder **süße Flöte**. Das klingt doch viel einladender als „Block", das man im Deutschen allenfalls mit dem unschönen -wart, bestenfalls mit -schokolade verbindet. **Il dolce** ist das **Dessert**, **die Süßspeise**, **der Kuchen**, und vom **dolce far niente**, dem **süßen Nichtstun** oder der **dolce vita**, dem **süßen Leben**, träumen wir …
dolente	wehmütig	
doloroso	schmerzvoll	
dramma (per musica) 5	(Musik)Drama, ernste Oper	**Dramma per musica** ist ein anderer Ausdruck für die **opera seria** **>> opera**
duetto 2	Duett	
eccessivo	übermäßig, übertrieben	
eco	Echo	
esecuzione	Aufführung, Ausführung	**Esecuzione** heißt auch **Hinrichtung**. Hoffentlich widerfährt diese nicht der Musik.

Glossar

Musikalischer Begriff Italienisch	Deutsche Übersetzung im musikalischen Zusammenhang	A parte Beiseite-Gesprochenes
esercizio	Übung	
espressione, con ~, espressivo	ausdrucksvoll	**Espressivo** kommt von **esprimere** = **ausdrücken**. Deshalb heißt der Espresso eben auch **Espresso**. Um genau zu sein **caffè espresso** = **ausgedrückter Kaffee**. Gemeint ist das ausgedrückte Kaffeepulver, das beim Zubereiten im Metallsieb zurückbleibt. Italiener bestellen allerdings nur **caffè**, wenn sie einen Espresso wollen. Deutschen Filterkaffee gibt es höchstens in Touristenhochburgen. Man bekommt aber **caffè lungo** oder **caffè americano**. Das ist Espresso mit viel Wasser. In Österreich nennt man ihn den **Verlängerten** (**lungo** = **lang**).
fa	f	
facile	leicht	
fagotto	Fagott	Storiella Fagotto
falsettista	Countertenor	>> belcanto
falsetto	Falsett	

Storiella

Fagotto

Fai fagotto, si parte ist der Name einer Facebookseite, die einen spielerischen Umgang mit dem Fagott pflegt, der vor allem für Kinder gedacht ist, an dem aber auch Erwachsene ihre Freude haben können. Neben Konzerthinweisen gibt es Fotomontagen, die das Instrument einbinden. So hält eine Stabhochspringerin keinen Stab, sondern ein Fagott in der Hand. Oder ein Clown jongliert mit Einzelteilen des Instruments. Aber auch Wortspiele, Comics und Zeichnungen finden sich dort.

Wahrscheinlich funktioniert das deswegen so gut, weil sich zum einen mit der Endung **-otto** wunderbar spielen lässt, da diese mal als Verkleinerung oder als Koseform eingesetzt wird, mal aber auch eine mildernde, abschwächende oder verniedlichende Funktion haben kann (der **orsacchiotto** beispielsweise ist der **Teddybär**); zum anderen, weil das Wort **fagotto** nicht nur **Fagott** heißt, sondern auch **Bündel**, und **far fagotto** bedeutet **sein Bündel schnüren, seinen Kram packen**.

Die gewiss von einem Fagottisten eingerichtete Seite hieße in deutscher Übersetzung: **Pack dein Bündel, und los geht's!** Im Deutschen funktioniert dieses Wortspiel nicht.
Stellt sich die Frage, wieso das Fagott überhaupt Fagott heißt. Was hat das Instrument mit einem Bündel zu tun? Italienischen Quellen zum Thema lässt sich entnehmen, dass die ersten Fagotte die Form eines Blasebalgs hatten. Klingt überzeugend. Ein Blasebalg hat schließlich die Form eines Bündels.

Weniger verständlich ist die Erklärung deutscher Lexika, sinngemäß: Das Fagott heißt Fagott wegen seiner mehrteiligen Bauweise. Ist das einleuchtend? Auch wenn man sich vorstellt, dass in ein Bündel mehrere Dinge hineingehören oder dass man zum Schnüren eines Bündels verschiedene Elemente braucht, Stoff, Kordel, gegebenenfalls einen Stock, ist das italienische Bild wesentlich anschaulicher. Unlängst erzählte mir ein Fagottist, dass die ganze Herleitung mit dem Bündel nicht stimme. Die Etymologie sei umstrittener denn je.

Was kann man da noch sagen? **Faccio fagotto e parto. – Ich packe mein Bündel und gehe.**

Glossar

Musikalischer Begriff Italienisch	Deutsche Übersetzung im musikalischen Zusammenhang	A parte Beiseite-Gesprochenes
fermata	Fermate	Eine **fermata** ist außerhalb der Musik eine **Haltestelle** für den Bus oder die Straßenbahn. Wenn man an einer bestimmten Haltestelle aussteigen will, drückt man kurz zuvor den Knopf, und in einem Display leuchten die roten Buchstaben **fermata prenotata = vorgemerkte Haltestelle** auf. Hier ist das Italienische unvergleichlich präziser als das Deutsche, wo dann **Wagen hält** zu lesen ist, wenn der Wagen noch gar nicht hält, sondern fährt. Mittlerweile gibt es noch die Variante **Stop**, was aber auch nicht an die **fermata prenotata** heranreicht. Da sind die Schweizer erfindungsreicher, denn dort benutzt man die poetische Variante **Halt auf Verlangen**.
feroce	wild	
fervido ①	brennend, leidenschaftlich	
festoso	festlich	
fiato; fiati ③	Atem; Bläser	
fiero	stolz	**Fiero** kann auch **wild** und **böse** heißen.

Glossar

Musikalischer Begriff Italienisch	Deutsche Übersetzung im musikalischen Zusammenhang	A parte Beiseite-Gesprochenes
fine; lieto ~	Ende; Happy End	Das **lieto fine**, das **Happy End**, ist in der **opera seria** >> **opera** unverzichtbar. In dieser frühen Form der Oper, die oft auf Stoffe aus der Mythologie zurückgriff, musste die Geschichte gut ausgehen. Intrigen sollten aufgelöst und die richtigen Personen glücklich zusammengebracht werden. Da Menschen das nicht immer gelingt, braucht es eine höhere Instanz, einen Gott, der vom Himmel herabschwebt und alles zum Guten wendet. Der Terminus technicus dafür ist der **Deus ex machina**, der **Gott aus der Maschine**. Und tatsächlich wurde schon in der Antike eine Gottheit mit Hilfe einer Art Kran vom Theaterhimmel herabgelassen, damit er ordnend in die Handlung eingreife.
fisarmonica	Akkordeon	
flauto; ~ dolce; ~ traverso	Flöte; Blockflöte; Querflöte	
flebile	klagend	
flicorno	Flügelhorn	
`forte` ⑦	laut, kräftig, stark	

Vetrinetta

forte

Dynamik

ppp	il più piano possibile	so leise wie möglich
pp	pianissimo	sehr leise
p	piano	leise
mp	mezzopiano	mittelleise
mf	mezzoforte	mittellaut
f	forte	laut, kräftig, stark
ff	fortissimo	sehr laut
fff	il più forte possibile	so laut wie möglich
cresc.	crescendo	allmählich lauter werdend
decresc.	decrescendo	allmählich leiser werdend
dim.	diminuendo	allmählich schwächer werdend
	sottovoce	mit gedämpfter Lautstärke
fp	fortepiano	Erst wird eine Note stark betont, dann aber sofort wieder leiser gespielt
fz	forzando; forzato	Betonen einer Note
sf	sforzando; sforzato	sehr starkes Betonen einer Note
smorz.	smorzando	schwächer werdend, ersterbend

Glossar

Musikalischer Begriff Italienisch	Deutsche Übersetzung im musikalischen Zusammenhang	A parte Beiseite-Gesprochenes
fortepiano ⑦	lautleise; Fortepiano	**Fortepiano** (groß geschrieben) bedeutet **Hammerklavier**. Mit der Bezeichnung **Fortepiano** (später **Pianoforte**) grenzte man das Instrument vom Cembalo ab, auf dem man – eben im Unterschied zum **Fortepiano** – nicht stufenlos laut und leise spielen konnte.
forzando; forzato ⑦	verstärkend; verstärkt	
fraseggio	Phrasierung	
fuga; fugato; fughetta ② ⑤	Fuge; wie eine Fuge; kleine Fuge	**Fughe**: Vorsicht: Die Fugen, die beim Verlegen der Badezimmerfliesen entstehen, heißen nicht **fughe**, (Pluralform von fuga), sondern **commessure**.
funebre ①	düster	
fuoco; con ~	Feuer; feurig	**Fuoco** = **foco**. In dieser Schreibweise begegnet einem das Wort in Operntexten.
furioso	wütend	
galleria	Rang (im Theater)	Im Theater ist die **galleria** der **Rang**, ansonsten der **Tunnel**!
giocoso	spielerisch, spaßhaft	
gioioso	fröhlich, lustig	
glissando	gleitend	

Glossar

Musikalischer Begriff Italienisch	Deutsche Übersetzung im musikalischen Zusammenhang	A parte Beiseite-Gesprochenes
gracile ①	zart, dünn	
gradevole	gefällig, angenehm	
grancassa	große Trommel	Storiella Grancassa
grave	schwer, ernst	
grazioso	anmutig, graziös	
gruppetto	Doppelschlag	Die Übersetzung des Wortes **gruppetto** mit **Doppelschlag** funktioniert nur in der Musik, ansonsten ist es die Verkleinerungsform von **gruppo**, also ein **Grüppchen**.
impetuoso	stürmisch, heftig	

Storiella

Grancassa

Im Unterschied zu Mozarts ewig leerer **cassa**, über die er in einer Reihe von Bettelbriefen klagt, ließe sich mit etwas Phantasie bei der **grancassa** an eine gut gefüllte Kasse denken oder an ein gelungenes Geschäft. In etwa: „Johann Strauß hat mit seiner Musik **grancassa** gemacht." Wäre plausibel.

Die **grancassa** verleitet aber auch zu lautmalerischer Verwechslung:
Als die ersten italienischen Gastarbeiter nach Deutschland kamen, sprachen sie naturgemäß kaum Deutsch. Mit den Landsleuten unterhielt man sich in einer Mischung aus Dialekt seiner Herkunftsregion (Sizilianisch, Kalabresisch, Neapolitanisch usw.), Italienisch und deutschem „Bürokratesisch".

Begriffe wie „Aufenthaltserlaubnis", „Einwohnermeldeamt" und „Krankenkasse", die in der neuen Lebenswirklichkeit auf einmal relevant wurden, übersetzte man nicht, sondern übernahm sie einfach aus dem deutschen Wortschatz und passte sie dem Italienischen an.

Mi devo anmeldare alla grancassa. – Ich muss mich bei der Krankenkasse anmelden.
Die **Große Trommel** – was die **grancassa** eigentlich ist – wurde so, im selbstgebastelten Migrantendeutsch mancher Italiener, zur **Krankenkasse**. An die ursprüngliche Bedeutung des Wortes dachte niemand mehr. Sicherlich auch nicht an die schöne Wendung **battere la grancassa** (= **die Große Trommel schlagen**), was so viel bedeutet wie **die Werbetrommel rühren**.

Glossar

Musikalischer Begriff Italienisch	Deutsche Übersetzung im musikalischen Zusammenhang	A parte Beiseite-Gesprochenes
impresario	Theaterunternehmer, Intendant	Eine **impresa** ist auch im heutigen Italienisch noch ein **Unternehmen**. Der **Unternehmer** ist der **imprenditore**. Das Wort **impresario** ist dem Theaterbetrieb vorbehalten. Der Begriff, der im 17. Jahrhundert zum ersten Mal auftaucht und bis zum 19. Jahrhundert im Sprachgebrauch war, beschreibt den Leiter eines Theaters, der sowohl für die wirtschaftliche als auch für die inhaltliche Seite verantwortlich war, vergleichbar dem heutigen **Intendanten** = **sovrintendente**. >> sovrintendente Einer der berühmtesten **impresari** war Georg Friedrich Händel, der in London seine eigenen Opern vermarktete, die Geschäfte führte, die Sängerinnen und Sänger aussuchte, kurz, den Laden schmiss. Diese Konzentration von Aufgaben auf eine Person war jedoch nicht die Regel. Oft hatten die **impresari** auch nur die Rolle eines Mäzens und hielten mit ihrem Geld den Theaterbetrieb am Laufen.
indicazione di esecuzione	Vortragszeichen	>> segni d'espressione

Glossar

Musikalischer Begriff Italienisch	Deutsche Übersetzung im musikalischen Zusammenhang	A parte Beiseite-Gesprochenes
inganno, cadenza d'~	Trugschluss	Ein **inganno** ist ein **Betrug**, eine **Täuschung**, sowohl im Leben als auch in der Musik. **Fatta la legge, trovato l'inganno** lautet ein italienisches Sprichwort, das man sinngemäß etwa so übersetzen kann: **Kaum ist das Gesetz gemacht, findet man einen Weg, dieses zu umgehen.** Im Grunde eine Anleitung zum Schummeln.
insieme	zusammen	Als **insieme** bezeichnet man auch ein **Ensemble**.
intermezzo	Zwischenspiel	
intervallo	Intervall	Ein Intervall beschreibt den Abstand, den Zwischenraum zwischen zwei Tönen. Im Sinne des „dazwischen" bedeutet **intervallo** außerhalb der Musik **Pause**.
intonazione	Intonation, Tongebung	
intreccio	Handlung	**Intreccio** heißt wörtlich **Verflechtung**. Eine **treccia** ist ein **Zopf**.
introduzione 5	Einführung, Einleitung	
la 6	a	

Glossar

Musikalischer Begriff Italienisch	Deutsche Übersetzung im musikalischen Zusammenhang	A parte Beiseite-Gesprochenes
lamento ⑤	Klage, Klagelied	Zwar nicht das älteste, aber wohl das berühmteste **lamento** stammt aus einer Oper von Claudio Monteverdi aus dem Jahre 1608 mit dem Titel **L'Arianna**. Es ist die Klage der Ariadne, die sich den Tod wünscht, nachdem sie ihren geliebten Theseus verloren hat. **Lasciatemi morire!**, Lasst mich sterben!, singt sie in ihrem Klagelied — es ist übrigens die einzige Musik, die von der kompletten Oper übrig geblieben ist; der Rest ist verschollen.
lamentoso	klagend	
languendo	schmachtend, ermattend	Im Deutschen gibt es die schöne, altmodische Redewendung „Schmacht haben" für Hunger haben. Etwas weiter gefasst könnte man auch sagen „Verlangen haben". Genauso ist es im Italienischen: **Languire** bedeutet nach **etwas schmachten, sich nach etwas sehnen. Avere un languorino** meint **ein bisschen Hunger haben**.
largo, larghetto	② breit	**Storiella Largo**
laringe	Kehlkopf	**Otorinolaringoiatra**: Hinter diesem Bandwurmwort verbirgt sich der **Hals-Nasen-Ohren-Arzt**. Sänger suchen ihn auf, wenn sie etwa Probleme mit der **laringe**, dem **Kehlkopf**, haben.

Glossar

Musikalischer Begriff Italienisch	Deutsche Übersetzung im musikalischen Zusammenhang	A parte Beiseite-Gesprochenes
legato	gebunden	**Legare** heißt **binden**. Es gibt herrliche Redewendungen mit diesem Verb. Beispielsweise: **legare le vigne con le salsicce**. Übersetzt heißt das: **Reben mit Würsten anbinden**, was bedeutet, dass jemand sehr reich ist – so reich, dass er es sich leisten kann, Würste anstelle von Draht oder Schnur zu verwenden. Ein weiteres schönes Bild liefert **pazzo da legare = verrückt zum Anbinden für jemanden**, der so durchgeknallt ist, dass man ihn festbinden muss.
legg(i)ero; con leggerezza	leicht; mit Leichtigkeit	
leggiadro	anmutig, fein	
leggio ①	Notenständer, Pult	
legno; col ~; legni ③	Holz; mit der Bogenstange; Holzbläser	

Storiella

Largo

„Ach, das **Largo** von Händel ... wie schön!!" So manche ältere Dame, die sonntags gerne das Wunschkonzert im Radio hört, hat ihn wohl schon ausgesprochen, diesen Satz, den man sich am besten von einem leisen Seufzer begleitet vorstellt.

Wahrscheinlich zählt das anrührende **Ombra mai fu** aus Händels Oper **Serse** – eben bekannt als DAS **Largo** – tatsächlich zu den Top Ten der Klassikhitparade. Dass es sich dabei eigentlich um ein **Larghetto** handelt, in dem ein Herrscher den wohltuenden Schatten einer Platane besingt, die er liebt, ist weniger geläufig und für den Seelenkuscheleffekt, den diese Arie hervorruft, auch nicht so wichtig.

Bei dem Wort **largo** denken Opernfreunde vielleicht aber auch an das **Largo al factotum della città – Platz da für das Faktotum der Stadt!** So beginnt die berühmte Arie des Figaro in Rossinis Oper **Il barbiere di Siviglia.**

In der deutschen Übersetzung wird daraus: „Ich bin das Faktotum der schönen Welt." Was natürlich viel schwächer ist als das hemdsärmelige „Platz da!", das der Übersetzer im Deutschen einfach unter den Tisch fallen lässt.

Die eigentliche Bedeutung von **largo** ist **breit**, **weit**. Es kann aber auch einfach gerufen werden wie Figaros „Platz da!". Oder in den Sommerferien am Meer kündigt jemand an, er werde **al largo** schwimmen, das heißt, **weit hinaus**. Oder aber man fordert sein Gegenüber auf, sich fernzuhalten: **Stammi alla larga!** – „Bleib mir vom Leib!"

Der Vollständigkeit halber soll auch der **Largo Argentina** noch genannt werden. So heißt ein Platz mitten in Rom, direkt neben dem **Campo di Marte**, also einem Feld, das in der Antike dem Kriegsgott Mars geweiht war. Hier lässt sich nun der Kreis zu Händels **Largo** schließen, denn wie könnte man besser mitten in der Barockoper – und somit wieder bei Händel – landen, wenn nicht mit den Themen Krieg und Liebe?

Glossar

Musikalischer Begriff Italienisch	Deutsche Übersetzung im musikalischen Zusammenhang	A parte Beiseite-Gesprochenes
leitmotiv	Leitmotiv	Was hat das **leitmotiv** als deutsches Wort in der Spalte der italienischen Stichwörter zu suchen? Natürlich gibt es auch eine Übersetzung: >>**motivo conduttore**. Aber das Leitmotiv bleibt als Inbegriff deutscher Romantik oft unübersetzt. Der Meister der Leitmotivtechnik, Richard Wagner, benutzte das Wort übrigens nicht. Er sprach vom Erinnerungsmotiv. Beide Begriffe bezeichnen ein musikalisches Motiv, das eine Person, aber auch eine Sache oder Idee charakterisiert. Erklingt das Motiv, weiß der Zuhörer: „Aha, jetzt geht es um diese oder jene Figur oder um dieses oder jenes Thema." Solche musikalischen „Chiffren" sind den Affekten der Barockmusik, die vergleichbare Funktionen erfüllten, gar nicht so unähnlich. Auch **il lied**, womit das **Kunstlied** gemeint ist, wird nicht ins Italienische übersetzt. >> **lied** Die Romantik ist einfach etwas Urdeutsches. Schon deren Vorläufer, die Sturm- und Drangzeit, nennt man im Italienischen **lo Sturm und Drang**.

Glossar

Musikalischer Begriff Italienisch	Deutsche Übersetzung im musikalischen Zusammenhang	A parte Beiseite-Gesprochenes
lento	langsam	
libretto	Textbuch	Das **libretto di circolazione** ist der **Fahrzeugschein** und hat mit der Oper rein gar nichts zu tun. Es kommt höchstens zu opernhaften Szenen, wenn der **vigile**, der **Verkehrspolizist**, das Dokument sehen will und man es nicht dabei hat. **Storiella Librettosprache**
lied, lieder	(Kunst)lied(er)	Sänger oder Sängerinnen, die sich auf das Kunstlied spezialisieren, sind in Italien Experten der **liederistica**, des **Liedgesangs**. \>\> canzone
lieto	heiter, fröhlich	\>\> fine
lira	Leier, Lyra	Die Leier oder Lyra ist auch im italienischen Wort für **Oper** enthalten: **Opera lirica** = ein Werk, das zur Leier zu singen ist. So in etwa hatten sich im ausgehenden 16. Jahrhundert die italienischen Erfinder der Oper mit ihrem **recitar cantando**, dem **singenden Rezitieren**, das vorgestellt. Allerdings spielten sie nicht mehr Leier wie ihre griechischen Vorbilder, sondern Laute oder Viola.

Storiella

Librettosprache: Brami una pausa? — Begehrst du eine Pause?

Vor einigen Jahren nahm eine russische Sängerin meine Dienste als Italienisch-Sprachcoach in Anspruch. Sie wollte die Rolle der Susanna aus Mozarts **Le nozze di Figaro** erarbeiten, eine umfangreiche Partie, deren Lesen, Übersetzen und Singen uns einige Stunden abverlangte. Meine Russin hatte wohl Sorge, sie könnte mich überfordern, weshalb sie mich nach einer längeren Arbeitsphase in schönstem Opernitalienisch fragte: **Brami una pausa?** = Begehrst Du eine Pause?

So klingt es, wenn man Librettosprache im echten Leben des 21. Jahrhunderts spricht. Für italienische Ohren amüsant. Für deutsche wäre das so, als spräche jemand heute wie eine Figur aus Schillers Dramen. Ich erinnere mich an einen Argentinier, den ich zu Studienzeiten kannte, der zum großen Vergnügen der Kommilitonen Sätze von sich gab wie etwa: „Oh, in meinem Ansinnen lag kein Arg!", wenn er sich für einen versehentlich begangenen Fehler entschuldigte. Oder: „Das wird in die Gefilde meiner Kenntnisse eintauchen", wenn er sich etwas merken wollte.

Doch zurück zum Italienischen. In den Libretti von Lorenzo da Ponte, der die Texte zu den drei großen Mozartopern **Le nozze di Figaro**, **Don Giovanni** und **Così fan tutte** geschrieben hat, geht es noch nicht ganz so verschnörkelt zu. Bei Verdi aber wimmelt es von solchen Wendungen und Sprachkapriolen, altertümlichen Begriffen und verdrehter Syntax. Heute wäre die Traviata an **tubercolosi** erkrankt, im Libretto von Francesco Maria Piave leidet sie an der **tisi**. Im letzten Akt der Oper verlangt sie nach einem Schluck Wasser mit den Worten **Dammi d'acqua un sorso.** (= Gib mir vom Wasser einen Schluck.), wo man heute sagen würde: **Dammi un sorso d'acqua.** (= Gib mir einen Schluck Wasser.) Warum einfach, wenn es auch umständlich geht?

Solche Verdrehungen sind häufig der Musik, dem Rhythmus geschuldet, aber es gibt noch einen weiteren Grund für den Einzug dieser **lingua aulica**, der **erhabenen Sprache**, vor allem in die Libretti der Opern Verdis. Es fehlte im Italien des 17. und 18. Jahrhunderts an Autoren von Dramen. Man hatte weder einen Goethe noch einen Schiller, keinen Racine oder Corneille und auch keinen Shakespeare. Das tragische Genre des Sprechtheaters war gnadenlos unterbesetzt, und so übernahm die Oper die Rolle der „Dramaqueen".

Die Texte von Verdis Librettisten sind im Italienischen schon schwierig… die deutschen Übersetzungen zum Teil ein Graus. Da sind die Sängerinnen und Sänger beim Erarbeiten der Partien schwer gefordert, und man möchte sie ab und an fragen: **Coffeebreak?** Das wäre dann die moderne italienische (!) Variante zu **Brami una pausa?!**

Begehrst du eine Pause, meine Liebe?

Glossar

Musikalischer Begriff Italienisch	Deutsche Übersetzung im musikalischen Zusammenhang	A parte Beiseite-Gesprochenes
lirica	Oper	**La lirica** Ist die verkürzte Form von **l'opera lirica**, wie Italiener die Oper nennen. Diese Spezifizierung ist wichtig, weil das Wort **opera** allein nur **Werk** heißt. Es könnte also auch ein Gemälde, eine Skulptur, ein Roman sein. Oder das gesamte Schaffen eines Künstlers im Sinne des Œuvre, wie es im Französischen heißt.
liuto	Laute	Der Geigenbauer heißt auf Italienisch **liutaio = Lautenbauer**
lugubre	traurig, düster	
lusingando	schmeichelnd	
luttuoso	traurig, klagend	**Lutto** heißt **Trauer**. Wenn an einem Geschäft in Italien ein Schild hängt **chiuso per lutto**, so ist **wegen eines Trauerfalls geschlossen**.
madrigale	Madrigal	
maestoso	majestätisch	
maestro; ~ di canto; ~ di cappella; ~ sostituto	Dirigent; Gesangslehrer; Kapellmeister; Korrepetitor	Außerhalb des musikalischen Zusammenhangs ist ein **maestro** ein **Grundschullehrer**; die **maestra** die **Grundschullehrerin**.

Glossar

Musikalischer Begriff Italienisch	Deutsche Übersetzung im musikalischen Zusammenhang	A parte Beiseite-Gesprochenes
maggiore	Dur	Wenn es um Tonarten geht, so kennen sich die meisten Musikerinnen und Musiker doch einigermaßen aus. Geläufig ist auf jeden Fall die Unterscheidung der Tongeschlechter in Dur und Moll – Italienisch: **maggiore** und **minore**. Eigentlich heißt das **größer** und **kleiner** und bezieht sich auf die Qualität der Terzen. In Musikerkreisen ist es folgerichtig komisch, dass etwa der größere Bruder der **fratello maggiore**, der **Durbruder**, ist und die **sorella minore**, die kleinere Schwester, dementsprechend die **Mollschwester**.
malinconico	melancholisch, schwermütig	
mancando	verlöschend, fehlend	**Mancare** in Operntexten bedeutet **in Ohnmacht fallen** oder **sterben**.
mandolino	Mandoline	
mano; a due mani; a quattro mani	Hand; zweihändig; vierhändig	
marcato	markiert	
marcia; alla ~	Marsch; wie ein Marsch	
martellato	hämmernd (eigentlich: gehämmert)	

Musikalischer Begriff Italienisch	Deutsche Übersetzung im musikalischen Zusammenhang	A parte Beiseite-Gesprochenes
maschera	Maske	Im Theater oder Kino ist die **maschera** auch der **Platzanweiser** oder die **Platzanweiserin**. Wie kommt das? Im 18. Jahrhundert gab es in Venedig einen regelrechten Masken-Boom, und auch die Theaterbediensteten trugen Maske und **tricorno** = **Dreispitz**. Die Platzanweiser tragen heute zwar keine Maske mehr, aber der Name ist geblieben. Berühmt: die Oper **Un ballo in maschera** von Verdi. Weitere Operntitel finden Sie in Vetrinetta 8.
melodia	Melodie	
melodramma 5	Oper	>> lirica; opera lirica
melomane 1	Musikliebhaber	
memoria, a ~ 1	auswendig	
meno	weniger	
mente, alla ~	aus dem Stegreif	
messa; ~ di voce 5	Messe; messa di voce	Mit **messa di voce** = **Setzen der Stimme** bezeichnet man eine Stimmtechnik, bei der man einen Ton an- und abschwellen, also laut und leise werden lässt, ohne dass es zu Veränderungen der Tonhöhe kommt. Die **messa di voce** ist ein wesentliches Gestaltungselement des >> **belcanto.** >>

Glossar

Musikalischer Begriff Italienisch	Deutsche Übersetzung im musikalischen Zusammenhang	A parte Beiseite-Gesprochenes
		>> **Messa** alleine bezeichnet die **Heilige Messe** der katholischen Kirche. Da der Katholizismus in Italien die zentrale Glaubensrichtung und somit allgegenwärtig ist, nimmt das Wort auch im alltäglichen Sprachgebrauch eine wichtige Rolle ein. Der von Krimiautor Andrea Camilleri erfundene **Commissario Montalbano** spricht beispielsweise davon, dass ein befragter Zeuge nur die **mezza messa**, also die **halbe Messe** gesagt habe. Meint: Er ist nicht mit der ganzen Wahrheit herausgerückt.
mesto	traurig	
mezzo	halb	
mezzoforte	nicht ganz so laut (halb laut)	
mezzopiano	ziemlich leise	

Glossar

Musikalischer Begriff Italienisch	Deutsche Übersetzung im musikalischen Zusammenhang	A parte Beiseite-Gesprochenes
mezzosoprano	Mezzosopran	Der **running gag**, den Mezzosopranistinnen oft zu hören bekommen, ist: „Ach Mezzosopran! Also ein halber Sopran." Auch wenn die Übersetzung zutrifft, so ist der **Mezzo** doch kein abgehalfterter Sopran, sondern hat nur einen anderen Stimmumfang (zwischen Alt und Sopran) und eine andere Stimmfarbe.
mi	e	
minima/metà	halbe Note	
minore	Moll	>> **maggiore**
minuetto	Menuett	**Pas menu** = Französisch für **kleiner Schritt**. Daher soll das Wort minuetto kommen. Es gibt noch eine andere Erklärung: **menare** bzw. **mener** im Französischen. Beide Wörter bedeuten **führen**. Beim Menuett spielt das Führen und Geführtwerden eine große Rolle. Insofern ist auch diese Herleitung des Wortes plausibel.
misura	Takt	
moderato	gemäßigt	Storiella Moderazione
modo maggiore/minore	Dur/Moll-Tongeschlecht	>> **maggiore**
molto	sehr, viel	

Glossar

Musikalischer Begriff Italienisch	Deutsche Übersetzung im musikalischen Zusammenhang	A parte Beiseite-Gesprochenes
morendo	ersterbend	
mormorando	murmelnd, gehaucht	
mosso	bewegt, flott	**Commosso** = gerührt, bewegt
motetto [5]	Motette	
motivo conduttore	Leitmotiv	>> **leitmotiv**
moto	Bewegung	Vorsicht Artikel: **il MOTO** ist **die Bewegung, la MOTO das Motorrad!**
movimento; doppio ~	Bewegung, Satz (eines Musikstücks); doppelt so schnell	
musica da chiesa; ~ da camera	Kirchenmusik; Kammermusik	
nona [6]	None	
nota [6]	Note, Ton	Eine **nota** kann auch eine **Anmerkung** sein, eine **Notiz,** und der musikalische Zusammenhang wird in der Redewendung **trovare la giusta nota** = **den richtigen Ton treffen** deutlich.
notazione	Notation	
oboe [1]	Oboe	Das Wort leitet sich vom französischen **haut bois** = **hohes Holz** ab, was eigentlich **hoch klingendes Holz** meint.

Storiella

Moderazione

In Italien gab es in den guten, alten Zeiten, bevor Gastronomieketten sich ausbreiteten wie die Pest im Mittelalter, einen Restauranttypus, der leider im Aussterben begriffen ist: das **ristorante con gestione familiare**, das **familiengeführte Restaurant**. Um ein solches Lokal zu unterhalten, bedarf es nicht zwingend der ganzen Familie, manchmal reicht auch ein Geschwisterpaar. In meiner Geschichte sind es Bruder und Schwester, beide offenbar unverheiratet und beide jenseits der Fünfzig. Die Schwester steht mit der Kittelschürze in der Küche am Herd, der Bruder, in weißer Kellnerjacke und mit schwarzer Fliege, versieht den Service. Das Restaurant ist nicht besonders groß, ein schlichter, rechteckiger Raum, in dem höchstens acht kleine Holztische Platz finden, auf denen gestärkte, weiße Tischdecken, Servietten und Silberbesteck für drei Gänge liegen. Wassergläser stehen darauf, mit der Öffnung nach unten, ein Brotkörbchen mit zwei harten, bleichen Semmeln, eine **formaggiera**, der **Behälter für geriebenen Käse**.

In jenen guten, alten Zeiten durfte in Restaurants sogar geraucht werden, was man sich heutzutage kaum mehr vorstellen kann. Aber nicht alle Gastronomen waren Freunde des blauen Dunstes, und das Geschwisterpaar des besagten Restaurants hätte sich über ein Rauchverbot wahrscheinlich gefreut. Dennoch wäre den beiden nicht in den Sinn gekommen, das Rauchen strikt zu verbieten.

Sie entschieden sich vielmehr für eine taktvolle Lösung und platzierten auf allen Tischen neben den kleinen Aschenbechern (!) Schildchen mit der Aufschrift **Fumare con moderazione** = **Rauchen mit Mäßigung**.

Da man im Deutschen bei **Moderation** zunächst nicht an Mäßigung denkt, sondern an Personen, die Shows und Talksendungen kommentierend und steuernd begleiten, hat das Schildchen auf den ersten Blick etwas Komisches: Soll das hier zu einer Qualmerei mit Ansage werden? Natürlich nicht. Es geht um das Maßhalten. Und für das rechte Maß sorgt ein Moderator, wenn er seine Gesprächspartner koordiniert. Man muss sich nur eine Polit-Talksendung anschauen, um zu verstehen, wie wichtig die mäßigende Funktion des Moderators ist, will er verhindern, dass alle zügellos durcheinanderquatschen.

In der Musik bezieht sich **moderato** auf das Tempo, welches maßvoll sein soll. Die Metronomangabe besagt „108 – 120 bpm", also zwischen **andante** und **allegretto**. VOR der Erfindung des Metronoms lag das Tempo im Ermessen (!) des Musizierenden, im Gespür für das rechte Maß.

Ebenso lag es vor dem Rauchverbot im Ermessen des Rauchenden, wie viel er qualmte, wenn er ein Schild mit der Aufschrift **Fumare con moderazione** sah.

Fazit: Je weniger Regeln es gibt, desto mehr Taktgefühl braucht es – im Leben wie in der Musik!

Vetrinetta

opera

Opernnamen übersetzt (eine Auswahl)

Titel der Oper	UA	Übersetzung
L'incoronazione di Poppea	1642	Die Krönung der Poppea
Giulio Cesare in Egitto	1724	Julius Cäsar (in Ägypten)
La finta giardiniera	1775	Die Gärtnerin aus Liebe (eigentlich: Die vorgetäuschte Gärtnerin)
Il mondo della luna	1777	Die Welt auf dem Monde
Così fan tutte	1790	So machen es alle
Il matrimonio segreto	1792	Die heimliche Ehe
La Cenerentola	1817	(Das) Aschenputtel
La gazza ladra	1817	Die diebische Elster
La sonnambula	1831	Die Nacht-/ Schlafwandlerin
L'elisir d'amore	1832	Der Liebestrank
Il trovatore	1853	Der Troubadour
Un ballo in maschera	1859	Ein Maskenball
La fanciulla del West	1910	Das Mädchen aus dem (goldenen) Westen
Volo di notte	1940	Nachtflug

Wer hat die Opern komponiert?

Monteverdi – Händel – Mozart – Haydn – Mozart – Mozart – Cimarosa – Rossini – Rossini – Bellini – Donizetti – Verdi – Verdi – Puccini – Dallapiccola

Titel der Oper	UA	Übersetzung
Die Entführung aus dem Serail	1782	Il ratto dal Serraglio
Die Zauberflöte	1791	Il flauto magico
Der Freischütz	1821	Il franco cacciatore
Hoffmanns Erzählungen	1881	I racconti di Hoffmann
Der Rosenkavalier	1911	Il cavaliere della rosa
Die Frau ohne Schatten	1919	La donna senz'ombra
Die Dreigroschenoper	1928	L'opera da tre soldi
Aufstieg und Fall der Stadt Mahagonny	1930	Ascesa e caduta della città di Mahagonny

Wer hat die Opern komponiert?

Mozart – Mozart – Weber – Offenbach – Strauss – Strauss – Weill – Weill

Glossar

Musikalischer Begriff Italienisch	Deutsche Übersetzung im musikalischen Zusammenhang	A parte Beiseite-Gesprochenes
opera; ~ seria; ~ buffa; ~ lirica (5)	Werk, Oper; ernste Oper; komische Oper; Oper	**>> dramma per musica** und **>> lirica**
oratorio (5)	Oratorium	
orchestra; ~ sinfonica	Orchester; Sinfonieorchester	
orecchio; ~ assoluto	Ohr; absolutes Gehör	**Orecchiare** heißt **lauschen**.
organo (1)	Orgel	
organologia	Instrumentenkunde	Nicht nur für Mediziner: Bei der **organologia** geht es um die **Organe** eines Orchesters, also um Musikinstrumente.
ornamento	Verzierung	
ottava (6)	Oktave	
pagina; voltare le pagine	Seite; umblättern	**Voltare pagina** = **das Blatt wenden**, auch im übertragenen Sinne.
palco	Loge	
palcoscenico	Bühne	Wörtlich übersetzt: der **Bühnenbalken**. Immerhin spricht man im Deutschen auch von den **Brettern**, die die Welt bedeuten. Das Wort **palco** ist ohnehin germanischen Ursprungs: Es leitet sich vom langobardischen **balk** her, woraus mit italienischem Anhängsel **one** der **balcone**, der **Balkon** wird. Was für ein Sprachen-Pasticcio! **>> pasticcio**

Glossar

Musikalischer Begriff Italienisch	Deutsche Übersetzung im musikalischen Zusammenhang	A parte Beiseite-Gesprochenes
parte; colla ~	Stimme, Teil, Rolle; mit der Hauptstimme	Das Sprichwort **Non avere né arte né parte** heißt übersetzt in etwa **weder etwas können noch Geld haben**, oder etwas freier: **zu nichts taugen**.
partita	Partita	Außerhalb der Musik heißt **partita** **Spiel** (gemeint ist meistens Fußball). Der **partito** ist eine **Partei**, der **buon partito** die **gute Partie**. Die Party ist **il party** oder **la festa**.
partitura	Partitur	
passaggio	Übergang (Stimmtechnik)	Eine Herausforderung für jeden Sänger: Das Wechseln zwischen den sogenannten Registern, der Kopf- und der Bruststimme. Dieser **Übergang = passaggio** sollte im Idealfall kaum hörbar sein. Dann spricht man von einem gelungenen **Registerausgleich** oder **Lagenausgleich** oder eben dem **passaggio**.
passione	Leidenschaft	

Glossar

Musikalischer Begriff Italienisch	Deutsche Übersetzung im musikalischen Zusammenhang	A parte Beiseite-Gesprochenes
pasticcio ⑤	„Flickoper", Auflauf	Eigentlich beschreibt das Wort **pasticcio** eine **Gemengelage**: Bei Lebensmitteln kann ein Auflauf daraus werden oder eine Pastete. Mischt man Situationen, Menschen, Kompetenzen falsch miteinander, so entsteht eher ein **Schlamassel**, ein **Pfusch**. Ganz nach dem Motto: **Viele Köche verderben den Brei**. Mischt man die Musik verschiedener Komponisten oder Werke miteinander, entsteht ein (Opern)-**Pasticcio**.
pastoso	weich, teigig	Mit dem Wort **pasta** bezeichnet man nicht nur die **Nudeln = Teigwaren**, sondern auch den Teig selbst. Wenn zwei Menschen im italienischen Sprachgebrauch **della stessa pasta, aus demselben Teig** sind, so sind sie im Deutschen aus demselben Holz geschnitzt.
pausa	Pause	
pentagramma	(Linien-)System	Das **pentagramma** bezeichnet im Italienischen ausschließlich das Notenliniensystem, nicht den Drudenfuß, den fünfzackigen Stern der Magier! Der heißt **pentacolo**. Notenschreiben ist also kein Hexenwerk.

Glossar

Musikalischer Begriff Italienisch	Deutsche Übersetzung im musikalischen Zusammenhang	A parte Beiseite-Gesprochenes
percussione; strumenti a ~ ③	Perkussion; Schlaginstrumente	
perdendosi	sich verlierend, verlöschend, verhallend	
pesante	schwer, schleppend, wuchtig	
pezzo	Stück	
piacevole	gefällig	
piangendo	weinend	
piano; pianissimo ⑦	leise; Klavier; sehr leise	**Storiella Va piano**
pianoforte; ~ a coda	Klavier; Flügel	
piatto	Becken	Im alltäglichen Sprachgebrauch bedeutet **piatto Teller**. Ein **primo piatto** ist der **erste Gang** einer Mahlzeit – in Italien Pasta, Reis, Polenta, Gnocchi oder Suppen. Der **secondo piatto** ist der **zweite Gang**, bestehend aus Fleisch bzw. Fisch, Salat, Gemüse. Die **primi** und **secondi piatti** werden auch gerne verkürzt auf **i primi** und **i secondi** = die ersten und die zweiten Gänge.
più	mehr	

Glossar

Musikalischer Begriff Italienisch	Deutsche Übersetzung im musikalischen Zusammenhang	A parte Beiseite-Gesprochenes
pizzicare	zupfen	**Zwicken, kneifen, beißen, stechen** … all das kann **pizzicare** auch heißen.
pizzicato	gezupft	
pizzico, strumenti a ~	Zupfinstrumente	Ein **pizzico di sale** = ein **Zwickerchen Salz** ist eine Prise Salz.
placido	heiter, friedlich	
poco; ~ a ~	wenig; allmählich	
podio	(Dirigenten-)Pult	Was dem Dirigenten das Pult, ist dem Sportler das Treppchen. Eigentlich heißt **podio** Podest. Der **maestro** hebt den Taktstock, wenn er auf dem **podio** steht, auf dem **Pult**. Der Sportler besteigt das **podio**, das **Siegertreppchen**, wenn ihm eine Medaille verliehen wird. Hat ein Sportler gute Chancen auf eine Medaille, so spricht man von **possibilità di podio** = **Podestchance** = **Medaillenchance**.
polacca, alla ~	wie eine Polonaise	

Storiella

Va piano

Ist von **Piano** die Rede, so denkt man an **Klavier**. Beim klein geschriebenen **piano** wissen Musiker, dass **leise** gespielt oder gesungen werden soll. Ein **pianoforte** ist ein „**Leise-laut**-Instrument", weil es nahtlose Lautstärkenwechsel ermöglicht.

Neben diesen Basics bietet der Blick ins Wörterbuch noch eine Vielzahl anderer Übersetzungsmöglichkeiten. Da findet man auch **leise, langsam, sachte, flach, eben, einfach, Fläche, Ebene, Stockwerk, Plan, Projekt.** Auch Redewendungen gibt es, wie etwa **pian pianino** (= **allmählich, nach und nach**) oder **va piano**, was sinngemäß so viel heißt wie **Immer mit der Ruhe** oder **Immer schön langsam**.

Inzwischen trifft man in Deutschland häufig auf Restaurants des erfolgreichen Franchise-Unternehmens VAPIANO und fragt sich, wem diese kreative Namensgebung zu verdanken ist. VAPIANO folgt der trendigen Zauberformel des FAST CASUAL DINING, will heißen: schnelles Essen mit guten, frischen Zutaten und einem Minimum an Arbeits- und Servicekräften. Die Betonung liegt dabei auf **FAST** = **schnell**, nicht auf **piano** = **langsam, leise**.

Zur kulinarischen Kernkompetenz des VAPIANO gehören Pizza, Pasta und Salate. Der Gast bedient sich nach folgendem Muster selbst:
Am Eingang des großräumigen Lokals (einer Mischung aus Kantine, Schwedendesign und Vorschulästhetik) nimmt er eine Chipkarte entgegen, belegt einen Platz, geht zum **FRONT-COOKING-TRESEN,** bastelt sich nach einer Art Baukastenprinzip seine Mahlzeit zusammen und überlässt dann deren Zubereitung vertrauensvoll dem Personal, während er selbst mit einem buzzerähnlichen Gerät zu seinem Platz zurückkehrt und darauf wartet, dass dieses Teil zu brummen anfängt, was signalisiert, dass das Essen abgeholt werden kann. Nach dessen Verzehr präsentiert er an der Kasse seinen Chip zwecks Abrechnung, zahlt und geht.

Das Motto **Va piano** im Sinne von **Lass es langsam angehen** als Einladung oder Aufforderung an die Klientel zu verstehen, ist eigentlich ausgeschlossen, denn ruhig und gemütlich geht es im VAPIANO kaum zu. Ruhe findet allenfalls der Gast, der sich mittels ausgefuchster Mediationstechniken in einen Zustand der Gelassenheit zu versetzen vermag, den es braucht, will man die Wartezeit in der langen Schlange zwischen knurrenden Mägen und Ellbogen in den Rippen einigermaßen unbeschadet überstehen.

Hat man einen Tisch ergattert, die Bestellung aufgegeben und sitzt dann endlich glücklich vor seiner Mahlzeit, ist es mit dem **Va piano** auch nicht weit her, denn kaum ist der letzte Bissen verzehrt, lauert zu Stoßzeiten schon der nächste Kunde auf einen freiwerdenden Platz. Eine Unterhaltung kann ebenfalls nicht **piano (leise)** geführt werden, da in dem großen Gastraum ein solcher Lärmpegel herrscht, dass man sein eigenes Wort kaum versteht.

Piano (flach) ist allenfalls der Teller, von dem man isst, und vielleicht befindet sich das Restaurant ja im **primo piano (im ersten Stock)**. Nach einem **piano (Klavier)** wird man vergeblich suchen, aber der **piano (Plan)**, eine Kette solcher FAST-CASUAL-DINING-Restaurants ins Leben zu rufen, scheint zumindest ökonomisch aufgegangen zu sein. Seit Sommer 2017 hat VAPIANO eine eigene Aktie.

Da gibt es doch das schöne Sprichwort: **Chi va piano, va sano e lontano** – **Wer es langsam angeht, bleibt gesund und kommt weit.** Oder etwas freier: **Eile mit Weile.** Da möchte man die Kette doch lieber umbenennen in VAFORTE.

Glossar

Musikalischer Begriff Italienisch	Deutsche Übersetzung im musikalischen Zusammenhang	A parte Beiseite-Gesprochenes
ponticello	Steg, Brückchen	**Ponte** ist eine **Brücke**. Fare il ponte = **die Brücke machen** bedeutet, dass man sich ein verlängertes Wochenende inklusive eines Brückentages gönnt. In Italien ungleich schwieriger als in Deutschland, da es in dem urkatholischen Land kaum mehr Feiertage gibt, die mitten in die Woche fallen. Feste wie beispielsweise Christi Himmelfahrt und Fronleichnam sind in Italien aus wirtschaftlichen Gründen auf den darauf folgenden Sonntag verlegt worden. Da funktioniert dann nicht einmal mehr ein **Brückchen**, ein **ponticello**. Nur wer ein Streichinstrument spielt, hat es als **Steg** am Instrument immer verfügbar.
preludio	Präludium, Vorspiel	
presto	schnell	**Presto** hat je nach Situation unterschiedliche Bedeutungen: außer **schnell** kann es auch **bald** und **früh** heißen.
prima	Premiere, Prim	

Glossar

Musikalischer Begriff Italienisch	Deutsche Übersetzung im musikalischen Zusammenhang	A parte Beiseite-Gesprochenes
pronto	schnell	**Pronto** heißt eigentlich **bereit**. So melden sich Italiener am Telefon. Das kommt aus der Anfangszeit der Telefonie, als Verbindungen noch vermittelt werden, und die „Fräuleins vom Amt" den Telefonwilligen signalisieren mussten: „Die Leitung ist nun bereit." Ungeduldige, hungrige Kinder fragen: **È pronto?** wenn sie auf das Mittagessen warten. Auch in der Paarbeziehung, wenn der eine/die eine auf den anderen/die andere warten muss, hört man die entsprechende Frage: **Sei pronto?** oder **Sei pronta?** = **Bist du (endlich) soweit?** … gerne begleitet vom ungeduldigen Klimpern des Auto- oder Hausschlüssels.
prova	Probe	
pronuncia	Aussprache	
pubblico	Publikum	
quarta ⑥	Quarte	
quartetto; ~ d'archi	Quartett; Streichquartett	

Glossar

Musikalischer Begriff Italienisch	Deutsche Übersetzung im musikalischen Zusammenhang	A parte Beiseite-Gesprochenes
quinta ⑥	Kulisse, Quinte	Wahrscheinlich kommt der Name **quinta** für **Kulisse** daher, dass sie fünf drehbare Seiten hatte – **la quinta** = **die Fünfte**. Dabei wurden bemalte Wände so zusammengeschoben, dass sie mal ein Bild ergaben – ein Haus, eine Landschaft etwa – mal auseinandergerissen und umgestellt werden konnten, so dass sie Einblicke verwehrten.
quintetto	Quintett	
rallentando	langsamer werdend	Wer in Italien mit dem Auto unterwegs ist, wird per Schild aufgefordert, langsamer zu fahren (= **rallentare**).
re ⑥	d	
recitativo ⑤	Rezitativ	Das **recitativo** ist eine dem Sprechen angenäherte Art zu singen. Es gibt zwei Varianten: Das **recitativo secco** und das **recitativo accompagnato**. >> accompagnato
registro	(Stimm-)Lage	Eine Darstellung der **registri** finden Sie in der Vetrinetta 9.
repertorio	Repertoire	

Glossar

Musikalischer Begriff Italienisch	Deutsche Übersetzung im musikalischen Zusammenhang	A parte Beiseite-Gesprochenes
replica	Wiederholung	**Replik** = Die **Wiederholung** eines Kunstwerks durch denselben Künstler. So lautet die Definition. Taucht der Begriff **replica** (Plural: **repliche**) im Zusammenhang mit Theater- oder Operndarbietungen auf, so sagt er einem, wann weitere Vorstellungen eines Stücks nach der Premiere gegeben werden.
restringendo	schneller werdend	Eigentlich heißt **restringendo zusammenziehend**. Wie beim Zeitraffer: zusammengezogene Zeit ist schnelle Zeit.
ridotto	Foyer	
riduzione (per pianoforte)	Klavierauszug	Mit **riduzione** bezeichnet man sowohl eine **Bearbeitung** als auch eine **Verkürzung**, eine **Verkleinerung**, eine **Reduktion** eben. All diese Eigenschaften treffen ja auf einen Klavierauszug zu: Es handelt sich um die Umarbeitung einer Partitur, und man reduziert die Vielzahl der Instrumente auf das Klavier. >> **spartito**
rigoroso	streng	
rinforzando	stärker werdend	

Vetrinetta

registro

Stimmgattungen und –fächer

Soprano/Sopran

~ drammatico	dramatischer ~
~ drammatico spinto	jugendlich-dramatischer ~
~ lirico	lyrischer ~
~ lirico spinto	schwerer lyrischer ~
~ leggero	leicht-lyrischer Koloratur~
~ di coloratura	lyrischer Koloratur~
~ d'agilità	leichter Koloratur~

Mezzosoprano/Mezzosopran

~ grave	schwerer ~
~ centrale	mittlerer ~
~ acuto	hoher ~

Contralto/Alt

~ assoluto	tiefer Alt
mezzocontralto	Alt

Vetrinetta >>registro — Stimmgattungen und -fächer

Tenore/Tenor

falsettista, contro~	Countertenor
~ grave/robusto (baritenore)	dramatischer Helden~
~ leggero/buffo	italienischer Spiel~
~ lirico	lyrischer ~
~ lirico leggero/di grazia	lyrisch-leichter ~
~ lirico spinto	lyrisch-dramatischer ~
~ di forza	dramatischer ~
~ di forza spinto	jugendlich-dramatischer ~

Baritono/Bariton

~ drammatico	dramatischer ~
~ cantabile/lirico	lyrischer ~

Basso/Bass

~ profondo	tiefer ~
~ cantante	lyrischer ~bariton
~ buffo	~ buffo

Glossar

Musikalischer Begriff Italienisch	Deutsche Übersetzung im musikalischen Zusammenhang	A parte Beiseite-Gesprochenes
ripetizione	Korrepetition	**Ripetizione** heißt **Wiederholung**. Darin besteht die Arbeit des Korrepetitors, des Pianisten, der mit Sängern Partien einstudiert. Dabei bleibt es selbstverständlich nicht nur beim bloßen Wiederholen, denn der Korrepetitor greift korrigierend ein, gibt Interpretationshilfen und Anregungen, versucht musikalische und sprachliche Fehler auszumerzen.
risoluzione	Auflösung	
risonanza	Resonanz	
ritardando	langsamer werdend	Zuspätkommer sagen in Italien: **Sono in ritardo = Ich bin zu spät.** **Tardi** heißt **spät**. Dieses Wort findet Verwendung in einer der berührendsten Szenen der Opernliteratur: wenn Violetta Valéry (Hauptfigur der Oper **La Traviata** von Giuseppe Verdi) mit matter, ersterbender Stimme und nicht mehr gesungen sagt: **È tardi!**, was in diesem Fall mit **Es ist zu spät!** übersetzt werden muss, weil die Tuberkulosekranke weiß, dass sie bald sterben wird und ihre Liebe zu Alfredo nicht mehr leben kann.

Glossar

Musikalischer Begriff Italienisch	Deutsche Übersetzung im musikalischen Zusammenhang	A parte Beiseite-Gesprochenes
ritenuto	zurückhaltend	
ritmo	Rhythmus	
ritornello 2	Refrain	Von **ritornare** = **zurückkehren, wiederkehren**. Genau das ist ja die Eigenschaft eines **Refrains**.
romanticismo 4	Romantik	
romanza 5	Arie (in der Oper)	
rondò	Rondo	
rubato	geraubt	**Tempo rubato** = **geraubte Zeit** bezeichnet einen freien Umgang mit der Tondauer, die mal verlängert, mal verkürzt werden kann. Ein **rubacuori** raubt keine Zeit, sondern Herzen. Es ist das italienische Wort für **Herzensbrecher**.
rullo (di tamburo)	(Trommel-)Wirbel	
rumore	Geräusch	Storiella Rumore, Rumorismo
ruolo	Rolle	
salmo	Psalm	
sarabanda	Sarabande	
sassofono 1	Saxophon	
scacciapensieri	Maultrommel	Wörtlich übersetzt ist der **scacciapensieri** der **Gedankenverjager**.

Storiella

Rumore, Rumorismo

Als ich vor einigen Jahren mit meiner römischen Freundin Francesca auf der Liegewiese im Freibad lag, sprachen wir über den neuen Liebhaber einer gemeinsamen Bekannten. Im Unterschied zu Francesca kannte ich ihn und versuchte also, ihr verbal ein anschauliches Bild dieses Mannes zu entwerfen. Natürlich auf Italienisch.

Den Höhepunkt meiner Schilderung hatte ich mir für den Schluss aufgehoben: **È un nobile!** – „Er ist ein Adliger!" Francesca verstand nicht. **Nobile** kann zwar **adlig** heißen, aber auch **edel** oder **vornehm**. Ich versuchte es mit Deutsch: **Francesca, è un VON!** – „Francesca, er ist ein VON!" Nun war die Verwirrung komplett: Ein FON (so geschrieben, aber genauso gesprochen wie VON) ist ein Föhn, ein Haartrockner.

Wir haben uns vor Lachen nicht mehr eingekriegt. Die Vorstellung, jemand könnte einen Föhn zum Freund haben, ist ja auch komisch … aber, wie ich erst unlängst erfahren habe, ist das gar nicht so abwegig, denn es gibt in der Tat Föhn-Fans, ja sogar Föhnsüchtige. Kaum zu glauben. Das sind Menschen, bei denen das Föhngeräusch solche Glücksgefühle hervorruft, dass sie am liebsten von morgens bis abends den Haartrockner laufen ließen. Auch Babys schlafen besser ein, wenn ein Föhn eingeschaltet wird. Angeblich ähnelt das Brummen des Haartrockners den Geräuschen im Mutterleib und vermittelt so das Gefühl von Behaglichkeit und Geborgenheit.
Der Föhn wurde um 1910 erfunden, das heißt zu der Zeit, als eine Gruppe italienischer Musiker Alltagsgeräusche in der Musik forderte. Man war technikversessen und glaubte wie die Futuristen an den Fortschritt. Die zarten Klänge impressionistischer Musik hatten ausgedient, und so verlangten die Vertreter dieser neuen Strömung des **Rumorismo** (besser bekannt als **Bruitismus**) nach den akustischen Reizen des Straßenverkehrs und der Maschinen, nach dem Lärm von Lokomotiven und Flugzeugen.

1913 erschien das Manifest **L'arte dei rumori** (= **die Kunst der Geräusche**), das unter anderem die Erzeuger verschiedener Geräusche auflistet. Da gibt es: Heuler, Brüller, Klirrer, Knisterer, Scharrer, Knaller, Knatterer, Summer, Gurgler und Zischer.

Da wäre für einen VON alias FON sicher auch Platz gewesen. Und wenn nicht bei den **Rumoristi**, so hätte man ihn als Babyberuhiger einsetzen können.

Glossar

Musikalischer Begriff Italienisch	Deutsche Übersetzung im musikalischen Zusammenhang	A parte Beiseite-Gesprochenes
scala	Tonleiter	Das Wort **scala** kann **Tonleiter** heißen, aber auch **Leiter** oder **Treppe**. Es benennt zudem das berühmte Opernhaus in Mailand, das **Teatro alla Scala**. Der Name geht zurück auf die Kirche Santa Maria della Scala aus dem Jahr 1381, benannt nach der Ehefrau von Bernabò Visconti, Regina della Scala (1331–1384). Da, wo einst die Kirche stand, steht noch heute die **Scala**, die 1778 eingeweiht wurde. Die Spielzeit an der Mailänder Scala heißt auf Italienisch **Stagione scaligera**.
scena	Bühne, Szene	**Non fare scene!** heißt **Mach kein Theater!** Wenn man jemandem eine Szene macht, heißt das **fare una scenata**. Das, was im Deutschen **die Szene** ist, also etwa die **Theaterszene**, wäre dann eher **il mondo** oder **l'ambiente del teatro**.
scherzando	scherzhaft	
scherzo	Scherz	
sciolto	ungebunden, gelöst	

Glossar

Musikalischer Begriff Italienisch	Deutsche Übersetzung im musikalischen Zusammenhang	A parte Beiseite-Gesprochenes
scordato	verstimmt	Diese Art der **Verstimmung** bezieht sich nur auf die Musik. Ist ein Mensch **verstimmt**, so ist er **di malumore**, also **schlecht gelaunt**.
scorrevole	flüssig, fließend	
scrittura a … (quattro) voci	(vier)stimmiger Satz	Hier könnte natürlich auch **a due voci**, **a tre voci** … stehen, also zweistimmig, dreistimmig etc.
scrivere note/musica	notieren	
secco	trocken	**Secco** steht meistens in Verbindung mit **recitativo**. >> accompagnato und >> recitativo
seconda 6	Sekunde	
segno; ~ d'abbellimento; ~ d'attacco, ~ d'espressione; ~ di tempo; dal ~; fino al ~	Zeichen; Verzierungszeichen; Einsatz~; Vortrags~; Tempo~; vom Zeichen an (wiederholen); bis zum Zeichen	Storiella Segni d'espressione
semibiscroma/semifusa 6	Vierundsechzigstelnote	
semibreve/intero 6	ganze Note	
semicroma/sedicesimo 6	Sechzehntelnote	
semiminima 6	Viertelnote	
semitono	Halbton	

Storiella

Segni d'espressione: Vortragszeichen? Ausdruckszeichen?

Wenn man durch italienische Städte läuft, trifft man an allen Ecken und Enden auf **edicole** (Betonung auf dem **i**), das sind Zeitungskioske, die ein großes Repertoire an Tageszeitungen, Comics, Schundheftchen und Zeitschriften feilbieten. Da der Kiosk selbst nicht genug Platz für alle Druckerzeugnisse bietet, werden mehrfächrige Ständer davor platziert, die den bunten Blätterwald zur Schau stellen.

Selbst im raschen Vorbeigehen fällt der Blick zwangsläufig auf die Schlagzeilen der Tagespresse und die brisanten Themen der Frauenzeitschriften. Die unumstrittene Nummer Eins darunter: Die Zellulitis. Reißerische Überschriften wie **Cellulite – la lotta è aperta! (Zellulitis – der Kampf ist eröffnet!)** erinnern die schönheitsbewusste Italienerin daran, dass sie vielleicht nochmal etwas in diesen Kampf investieren sollte, bevor sie in den Sommerferien die delligen Schenkel am Strand präsentiert.

In einem Land, in dem es wesentlich darum geht, **bella figura** zu machen, also eine **gute Figur abzugeben** und gut auszusehen, spielt die Bekämpfung von Zellulitis, Falten und Fältchen, von **zampe di gallina** (**Hühnerfüßen** = **Krähenfüßen**), **borse** (**Taschen** = **Tränensäcken**) und weiteren Merkmalen der Hautalterung eine zentrale Rolle.

Als ich nach einem angemessenen italienischen Begriff für „Vortragszeichen" im musikalischen Kontext suchte, kam mir eine Übersetzung in den Sinn, die ich irgendwo gelesen hatte, und die ich nun, zwecks Verifizierung, in die Suchmaschine eingab: **segni d'espressione**. Seltsamerweise erschienen Internetseiten, die Salben und Sälbchen anpriesen oder für erfolgreiche Eingriffe in Spezialkliniken für ästhetische Chirurgie warben.

Nach den ersten Momenten der Irritation verstand ich: Klar, **segni d'espressione** heißt wörtlich übersetzt **Zeichen des Ausdrucks**. Das kann sich auf die Musik genauso beziehen wie auf ein Gesicht.
Und nun? Im Italienischen scheint es keinen rechten Sammelbegriff zu geben, der es mit dem deutschen, allumfassenden „Vortragszeichen" hätte aufnehmen können. Ich fand nur einzelne Parameter:

indicazioni di andamento oder tempo (Tempoangaben wie lento, adagio, presto)

indiaczioni agogiche (Angaben der Tempoveränderung wie accelerando, rallentando)

articolazioni (Artikulationen wie etwa staccato, legato)

abbellimenti (eigentlich Verschönerungen, sind Verzierungen wie trillo, appoggiatura, arpeggio)

dinamica (Angaben zur Lautstärke wie piano, forte, mezzoforte)

Nach langer Suche und einigen Diskussionen mit italienischen Musikern einigten wir uns schließlich auf indicazioni di esecuzione musicale (= Angaben zur musikalischen Ausführung). Ein Wortmonster zwar, aber das Problem ist immerhin gelöst, und ich kann mich beruhigt wieder auf die wesentlichen Dinge des Lebens konzentrieren: Wie bekämpfe ich die segni d'espressione und die cellulite? Ohne bella figura geht in Italien schließlich gar nichts …

Glossar

Musikalischer Begriff Italienisch	Deutsche Übersetzung im musikalischen Zusammenhang	A parte Beiseite-Gesprochenes
semplice	einfach	
sempre	immer	
senza	ohne	
serenata	Serenade (5)	In diesem Wort stecken zwei Ursprünge: Einmal das Wort **serenare** = **aufheitern, erfreuen**, aber auch **sera** = **Abend**. Beides trifft zu: Mit der Darbietung einer Serenade sollte eine angebetete Dame aufgeheitert werden, zugleich fand eine solche Darbietung am Abend oder in der Nacht statt. Sogar ein drittes Element lässt sich mit der **serenata** verbinden: **Al sereno** heißt auch **unter freiem Himmel**. Und genau da werden Serenaden ja auch dargeboten. Eine der berühmtesten Serenaden ist die Don Giovannis aus Mozarts gleichnamiger Oper: **Deh, vieni alla finestra.** = **Ach, komm ans Fenster.**
seria, opera ~; opera semiseria	ernste Oper; halbernste Oper (5)	
seriale	seriell	
serioso	ernst	
sesta	Sexte (6)	

Glossar

Musikalischer Begriff Italienisch		Deutsche Übersetzung im musikalischen Zusammenhang	A parte Beiseite-Gesprochenes
sestetto		Sextett	
sestina		Sextole	
settima	6	Septime	
severo		streng	
sfondo di musica		Hintergrundmusik	
sforzando, sforzato	7	eigentlich: überanstrengt; verausgabt	Ein Ton wird plötzlich sehr akzentuiert oder verstärkt gespielt.
sfumatura		Nuance	
sgabello (da pianoforte)		(Klavier-)Hocker	
si	6	h	
sibilare		zischen	
sincope	1	Synkope	
sinfonia	5	Sinfonie, Symphonie	
sipario		Vorhang	Steht auch in Bühnenanweisungen, wenn der **Vorhang** fallen soll: **sipario**!
smorzando	7	schwächer werdend, ersterbend	
smorzatore/smorzo		Dämpfer	
soave		sanft	
soggetto		Thema	
sol	6	g	

Glossar

Musikalischer Begriff Italienisch	Deutsche Übersetzung im musikalischen Zusammenhang	A parte Beiseite-Gesprochenes
solenne	feierlich	
solfeggio	Solfeggio	**Solfeggio**, **Solfège** oder **Solmisation** meint das Singen von Tonstufen auf die italienischen Notennamen **do re mi fa sol la si**. Der Anfang des Worts **Solfeggio** setzt sich zusammen aus **sol** und **fa**. Die Bezeichnung der Noten (**do, re, mi** …) geht auf einen Hymnus zu Ehren Johannes des Täufers zurück. Der Benediktinermönch und Musiktheoretiker Guido d'Arezzo (um 992–1050) brachte im 11. Jahrhundert mit Hilfe der Anfangssilben des Hymnus seinen Schülern die Noten bei.
solista	Solist	
solo	allein, Solo, nur, erst	
sonaglio	Schelle	
sonata; ~ da camera; ~ per pianoforte ⑤	Sonate; Kammer ~; Klavier ~	
sonatina ⑤ ②	Sonatine	**Sonatina** = **kleine Sonate**
sonoro	klanglich	
soprano ⑨	Sopran	
sordina	Dämpfer	

Glossar

Musikalischer Begriff Italienisch	Deutsche Übersetzung im musikalischen Zusammenhang	A parte Beiseite-Gesprochenes
sostegno	Stütze (auch Atem-)	
sostenuto	zurückhaltend, getragen	
sottovoce 7	leise, mit halber Stimme	**Sottovoce** heißt eigentlich **unter der Stimme**.
sousafono 1	Sousaphon	
sovrintendente	Intendant	Vorsicht, Begriffsverwirrung! Der **sovrintendente** ist auch ein Dienstgrad bei der italienischen Polizei und entspricht in Deutschland ungefähr dem Polizeimeister. Ein **soprintendente** (p statt v) kann der Leiter des Denkmalamtes oder der Konservator sein.
spartito	Noten, Klavierauszug	**>> riduzione**
staccato	abgestoßen, abgetrennt	
stagione (teatrale)	Spielzeit	**Stagione** heißt **Jahreszeit** oder **Saison**. Man denke an die **Quattro stagioni** von Antonio Vivaldi, die **Vier Jahreszeiten** oder an die gleichnamige Pizza, bei der jedes Viertel einen anderen Belag bekommt, der für eine der vier Jahreszeiten stehen soll: Artischocken für den Frühling, Tomaten und Basilikum für den Sommer, Pilze für den Herbst und Schinken und Oliven für den Winter. Im Theater bedeutet **stagione Spielzeit. >>**

Musikalischer Begriff Italienisch	Deutsche Übersetzung im musikalischen Zusammenhang	A parte Beiseite-Gesprochenes
		>> Insbesondere in Deutschland verfügen die Theater meist über feste Ensembles und eigene Orchester. Im Laufe einer **Spielzeit** werden neue Inszenierungen dargeboten, aber auch Repertoirestücke aufgeführt. Bewährtes wird mit Neuem gemischt, wodurch ein abwechslungsreiches Programm entsteht. Diese Praxis nennt man Repertoire- oder Ensemblesystem. In Italien hingegen funktioniert eine **stagione** anders: Vor Beginn der neuen Spielzeit werden nur einige, wenige Opern inszeniert. In dieser vorbereitenden Probenphase bleibt das Theater geschlossen, und dann werden die neu einstudierten Stücke über Wochen (manchmal auch Monate) **en suite**, also hintereinander „weggespielt". Als berühmtestes Theater mit sogenanntem Stagionesystem galt immer die Mailänder Scala, die ihre Spielzeit traditionell am 9. Dezember (!) eröffnet. Das ist der Tag des Mailänder Schutzpatrons und Kirchenvaters Ambrosius (Sant' Ambrogio). >>

Glossar

Musikalischer Begriff Italienisch	Deutsche Übersetzung im musikalischen Zusammenhang	A parte Beiseite-Gesprochenes
		>> Durch diesen späten Beginn und das frühe Ende der **Spielzeit** im Juli war die **stagione** äußerst kurz. Mittlerweile spielt die Scala in einer Mischform aus Repertoire- und Stagionesystem. Man hat nun auch die Herbstmonate September, Oktober und November dazugenommen und sich so dem Spielbetrieb anderer großer Opernhäuser angepasst.
stretto	gesteigert, beschleunigt; Engführung (bei Fugen)	Als stretta bezeichnet man die **Schlusssteigerung** einer Komposition. Ein **Engpass**, sowohl im übertragenen als auch im wörtlichen Sinn, heißt **strettoia**.
stringendo	drängend	
strofa	Strophe	
strumento musicale	(Musik-)Instrument	Ein **strumento** ohne **musicale** könnte auch zu einem Ärztebesteck gehören.
subito	sofort, plötzlich	
suite	Suite	
suonare	spielen	**Suonare** bezieht sich nur auf das **Spielen eines Instruments**. Wenn Kinder spielen, heißt das **giocare**.

Glossar

Musikalischer Begriff Italienisch	Deutsche Übersetzung im musikalischen Zusammenhang	A parte Beiseite-Gesprochenes
suono	Klang	
sussurrando	säuselnd	**Sussurrare** = **säuseln** ist wie **mormorare** = **murmeln** ein lautmalerisches Wort. Beide finden schönste Verwendung in der berühmten Rosenarie der Susanna aus Mozarts Oper **Le nozze di Figaro**. Da murmelt der Bach, und es säuselt die Luft.
tagliare	streichen (Teile aus der Partitur)	**Tagliare** heißt eigentlich **schneiden**. Man schneidet Teile aus der Partitur. Von dem Wort **tagliare** hat auch die Nudelsorte **Tagliatelle** (sprich: Taljatelle) **die Geschnittenen**, ihren Namen. In Deutschland nennt man sie **Bandnudeln**.
tallone; al ~ ②	Frosch, am ~	Wieso das Ende des Streicherbogens **Frosch** heißt, ist nicht wirklich geklärt. Es könnte damit zusammenhängen, dass dieses Teil ursprünglich nur aufgesteckt war und deshalb immer wieder wegsprang wie ein Frosch. Das italienische Wort **tallone** = **Ferse** bezieht sich darauf, dass am Ende des Bogens (am Ende des Fußes, also an der Ferse) die Rosshaarbespannung des Bogens eingeklemmt wird. Der **tallone di Achille** ist die **Achillesferse**.

Glossar

Musikalischer Begriff Italienisch		Deutsche Übersetzung im musikalischen Zusammenhang	A parte Beiseite-Gesprochenes
tamburo		Trommel	
tanto; ma non ~		sehr; aber nicht zu sehr	>> troppo; ma non ~
tastiera, strumenti a ~	3	Tasteninstrumente	
tasto		Taste	Vom **tasto dolente**, der schmerzenden Taste, spricht man, wenn es um den wunden Punkt geht.
teatro, ~ lirico		Theater, Oper	Hier einige der bekanntesten Opernhäuser Italiens: **Teatro alla Scala**, Mailand – **Teatro la Fenice**, Venedig – **Teatro San Carlo**, Neapel – **Teatro Regio**, Turin – **Teatro Carlo Felice**, Genua – **Teatro Massimo**, Palermo – und zu guter Letzt eine Spielstätte unter freiem Himmel: die **Arena di Verona**.
tema		Thema	
tempestoso		stürmisch	
tempo; a ~		Tempo, Takt; im vorherigen Zeitmaß	Storiella Tempo tempo
tenore	9	Tenor	
terza	6	Terz	
terzina		Triole	

Storiella

Tempo tempo

Zeit ist nicht gleich Zeit. Wo Deutsche vom **Tempolimit** sprechen, ist in Italien vom **limite di velocità** die Rede, was auch präziser ist. **Tempo**, vom Lateinischen **tempus**, heißt **Zeit**, **velocità**, von **velox** (= schnell), **Geschwindigkeit**.

Diese Genauigkeit in der Begriffswahl spiegelt wahrscheinlich auch das unterschiedliche Verhältnis wider, das man diesseits und jenseits der Alpen zur Zeit hat, und es ist sicher kein Zufall, dass das Metronom nicht von einem Italiener, sondern im Jahre 1814 von einem Deutschen erfunden wurde: von dem aus Regensburg stammenden Johann Nepomuk Mälzel, der, wie es heißt, vorzüglich das **Pianoforte** spielte, sich in Wien zum Mechaniker ausbilden ließ und dort schließlich den glanzvollen Titel „Kaiserlicher Hof-Kammermaschinist" verliehen bekam.

Beethoven, für den Mälzel übrigens auch Hörrohre konstruierte, zeigte sich zunächst begeistert vom Metronom und wollte von den italienischen „noch aus der Barbarey der Musick herrührenden"[1] Tempobezeichnungen nichts mehr wissen. Doch die Begeisterung für den Apparat legte sich auch wieder. Seine Freunde berichten, dass er die eigenen Werke jedesmal anders und ohne Rücksicht auf die Taktvorgaben gespielt habe. Außerdem versah Beethoven letztlich nur 25 seiner mehr als 400 Werke mit Metronomangaben. In einem seiner Briefe heißt es: „hol der Teufel allen Mechanismus."[2]

Er vertraute doch lieber seinem Zeitgefühl und besann sich der alten, italienischen Tempobezeichnungen, die ja durch ihre Orientierung an natürlichen Bewegungen und Affekten dem Menschen ohnehin viel näher sind als das seelenlose und sture Durchgetakte. **Andante** etwa heißt **gehend**, und **Allegro** ist eben nicht **schnell**, sondern **fröhlich**.

---

[1] Beethoven in einem Brief an Ignaz von Mosel, November 1817; zit. nach: Ludwig van Beethoven. Briefwechsel Gesamtausgabe. Herausgegeben im Auftrag des Beethoven-Hauses Bonn von Sieghard Brandenburg. München: Henle-Verlag 1996, Bd. 4, S. 130.

[2] Beethoven an den Verlag B. Schott's Söhne, 19.8.1826; zit. nach Breidenstein, Helmut: Mälzels Mord an Mozart – Die untauglichen Versuche, musikalische Zeit zu messen. In: Das Orchester, Jg. 2007, Nr. 11 Mainz: Schott, S. 8–15.

Zwar lassen sich diese **Tempi** mit der Formel „Grundschläge pro Minute" durchaus messen, aber die Sinnhaftigkeit einer solchen Messung wird von Musikern zu Recht bezweifelt.

Insofern ist es sehr passend, dass die entsprechende Terminologie aus Italien kommt, einem Land, dessen Bewohnern man ein durchaus dehnbares Verhältnis zur Zeit nachsagt. Etwas hipper könnte man auch von der Zugehörigkeit der Italiener zu einer „polychronen" Kultur sprechen. **Sie geben der Zeit Zeit**, wie es in einer Redewendung heißt: **danno tempo al tempo**.

hol der Teufel allen Mechanismus

Glossar

Musikalischer Begriff Italienisch	Deutsche Übersetzung im musikalischen Zusammenhang	A parte Beiseite-Gesprochenes
timbro	Klangfarbe	
timpano	Pauke	Storiella Der Timpano oder die Maccheroni-Pauke
tiorba	Theorbe	
toccata	Toccata	Storiella Toccata e fuga
tonalità	Tonart	
tono	Ton	Die Wendung **darsi un tono** = **sich einen Ton geben** bedeutet **Haltung annehmen** und steht insofern nicht im Zusammenhang mit Musik. **Alzare il tono** bedeutet **den Ton anheben**, also laut werden. Bei dieser Redewendung geht es also schon um eine Qualität, die in der Musik unverzichtbar ist: die Lautstärke.
tosto	bald, schnell	
trama	Handlung	Vorsicht: **Trama** ist nicht Drama!
tranquillo	ruhig	
trasportare	transponieren	
tremolo	das Tremolo	**tremare** = **zittern**

Storiella

Der Timpano oder die Maccheroni-Pauke

Wer nicht weiß, was ein **Timpano** ist (Betonung unbedingt auf dem **i**!!!), sollte sich den 1996 erschienenen Film **Big Night** anschauen, der von zwei konkurrierenden italienischen Restaurants im Amerika der 1950er-Jahre erzählt.

Restaurants? Was hat die Pauke denn mit Essen zu tun? Das Wort **Timpano** bezeichnet nicht nur das Schlaginstrument, sondern auch einen sehr großen und gehaltvollen Maccheroniauflauf, der mit etwas Phantasie die Form einer Kesselpauke hat und im Film eine wichtige Rolle spielt.

Wenn ein italienischer Koch und **Timpano**-Experte meine schlichte Definition (**gehaltvoller Maccheroniauflauf**) läse, würde er wahrscheinlich die Hände über dem Kopf zusammenschlagen. So einfach ist das nämlich nicht.

Storiella >>Der Timpano oder die Maccheroni-Pauke

Schon beim Namen fängt es an: Manche nennen den **Timpano** auch **Timballo**, was ebenfalls **Pauke** oder **Auflauf** heißt und mit dem Wort **Zimbel** verwandt ist. Zweitens ist überhaupt nicht so klar, was in den **Timpano** alles hineingehört. Da streiten sich die Köche. Es fängt schon mit der Nudelsorte an: Maccheroni, Bucatini oder Capellini? Welcher Käse soll genommen werden? Provola? Scamorza? Mozzarella? Rindfleisch oder Schweinefleisch für die Frikadellchen, mit denen die **Pauke** gefüllt wird? Bauchspeck ja oder nein? Schmalz? Auberginen? Mürbe- oder Blätterteig? Manch einer schlägt sogar Reis statt Nudeln vor.

Die Zubereitung des **Timpano** erfordert – gleich in welcher Variante – Zeit und einiges Talent. Wenn er gelingt, ist er bombastisch, sowohl, was die Kalorien, als auch, was die Wirkung betrifft.

In **Big Night** gibt es eine herrliche Szene, die einzig dem **Timpano**, „one of the most important things in the world", wie es im Film heißt, gewidmet ist: Man sieht, wie Küchenchef Primo, umgeben von seinen Helfern und Bruder Secondo, ihn akribisch, ja ehrfürchtig zubereitet, denn es gilt, das Restaurant mit dem vielversprechenden Namen **Paradiso** mittels Kochkunst vor dem Aus zu bewahren. Der **Timpano** wird schließlich aus der Form gelöst, berührt, beklopft, aufgetragen, geschnitten und an die große Festgesellschaft verteilt. Die Gäste kosten mit Vorsicht die ersten Happen der Spezialität, schauen einander an, flüstern, raunen, schweigen ... die Spannung steigt. Schließlich springt der Widersacher der Brüder auf, knallt seine Serviette auf den Tisch, geht auf Primo zu, umarmt und küsst ihn und sagt mit schönstem italienischem Akzent: „It is so fucking good, I should kill you."

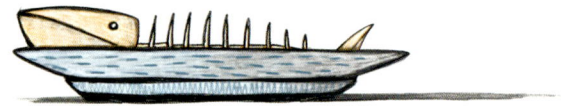

Glossar

Musikalischer Begriff Italienisch	Deutsche Übersetzung im musikalischen Zusammenhang	A parte Beiseite-Gesprochenes
triangolo	Triangel	**Triangolo** heißt einfach **Dreieck**.
trillo	Triller	
tromba	Trompete	Bei allem, was mit dem Wort **tromba** zu tun hat, ist eine gewisse Vorsicht geboten, denn das dazugehörige Verb benutzen Italiener synonym für **fare l'amore** = **Liebe machen**.
trombone	Posaune	
troppo; ma non ~	zu sehr; aber nicht zu sehr	>> tanto; ma non ~
tutti	alle	
unisono	Einklang, unisono [1]	
variazione	Variation	
veloce	schnell	
vibrafono	Vibraphon [1]	
vibrato	Schwingung, Vibrato	„Bloß nicht zu viel **Vibrato**!" lautet das Credo der Musikexperten historisch informierter Aufführungspraxis. Der Dirigent Roger Norrington beispielsweise, ein klarer Befürworter des vibratoarmen Musizierens, greift in dem Zusammenhang auf ein Bild der **Nouvelle Cuisine** zurück: Er will keine fetten Klangsoßen mehr.

Storiella

Toccata e fuga

Auch in Italien leistet sich kaum mehr jemand eine ausgiebige **villeggiatura**, also eine wochenlange Sommerfrische wie zu Carlo Goldonis Zeiten, und Berufstätige sind heutzutage froh, wenn sie mal ein verlängertes Wochenende rauskommen.

„Kleine Fluchten" ist eine Wendung, die sich im deutschen Sprachgebrauch dafür etabliert hat. Unvergleichlich poetischer das italienische **toccata e fuga: Berührung und Flucht**, wie die wörtliche Übersetzung lautet. Kaum ist man angekommen, muss man auch schon wieder weg. Dass diese Wendung zugleich Johann Sebastian Bachs bedeutendes Orgelwerk in d-moll benennt, heißt aber nicht, dass sich mit jedem, der **toccata e fuga** im Munde führt, locker über Werke und Formen der Barockmusik fachsimpeln ließe.

Toccata e fuga hat sich verselbständigt und funktioniert in der Konversation auch ohne jeglichen Background zu Molltonart und Thomaskantor.

Ein weiteres Bild, das im Italienischen für den kurzen Aufenthalt, also hin und wieder weg, gerne verwendet wird, hat zwar keinen musikalischen Kontext, ist aber ähnlich kurios. Es heißt **mordi e fuggi**: **beiße und fliehe**. Das Berühren, die **toccata**, scheint nicht auszureichen. Soll ein Ort, eine Situation schnell und gründlich erfasst werden, muss man wahrscheinlich hineinbeißen, um dann blitzschnell die Flucht zu ergreifen – wofür es wiederum einen Begriff gibt: **darsi alla fuga**.

Glossar

Musikalischer Begriff Italienisch	Deutsche Übersetzung im musikalischen Zusammenhang	A parte Beiseite-Gesprochenes
viola, ~ d'amore; ~ da gamba	Bratsche; Viola d'amore; Viola da gamba	Die deutsche Bezeichnung **Bratsche** leitet sich vom italienischen Wort **braccio** = **Arm** ab, weil das Instrument nicht mehr – wie es ursprünglich bei der Gambe üblich war – zwischen den Knien, sondern auf dem Arm gehalten wurde. Die Bratsche ist also eine **Armgeige**, die viola **da gamba** eine **Beingeige**; **gamba** = **Bein**. Sagt man von einer Person, sie sei **in gamba**, bedeutet das, dass sie **fit** oder **in Ordnung** ist.
violino	Geige	
violoncello	Cello	Eigentlich ist das Wort **violoncello** eine Verkleinerung des Wortes **violone**. Also ein **Violönchen**. **Violonen** sind die Bassinstrumente der Gamben- oder der Geigenfamilie. Ein **violoncello** ist also ein **kleiner Bass**.
vivace	lebhaft	

Glossar

Musikalischer Begriff Italienisch	Deutsche Übersetzung im musikalischen Zusammenhang	A parte Beiseite-Gesprochenes
`voce`	Stimme	**Colla voce** bedeutet, dass die Instrumentalstimmen notengetreu die Vokalstimme mitspielen oder der Stimme folgen, sie flexibel begleiten sollen. **Mezza voce** ist Singen mit **halber Stimmkraft** (nicht zu verwechseln mit **messa di voce**). >> messa di voce **Sottovoce** = **unter der Stimme** meint **leise** oder **gedämpft**. Die Einteilung der Stimmen ist ein schwieriges Unterfangen. Das italienische System der Stimmgattungen und Stimmfächer weicht vom deutschen ab. In der `Vetrinetta 9` wird der Versuch unternommen, etwas Klarheit ins Stimmdunkel zu bringen. **Scaldarsi la voce** = **sich die Stimme anwärmen** bedeutet sich einsingen. **voci bianche** = **weiße Stimmen** So bezeichnet man Kinderstimmen, Stimmen vor der **muta**, dem **Stimmbruch**.

Glossar

Musikalischer Begriff Italienisch	Deutsche Übersetzung im musikalischen Zusammenhang	A parte Beiseite-Gesprochenes

wagneriano	wagnerisch, Wagnerianer	Kennen Sie die italienischen Titel der für Bayreuth bestimmten Wagner-Opern?
		
		L'olandese volante
		
		L'anello del Nibelungo
		
		   L'oro del Reno
		
		   La Valchiria
		
		   Sigfrido
		
		   Il crepuscolo degli Dei
		
		Tristano e Isotta
		
		I maestri cantori di Norimberga
		
		Il festival di Bayreuth = **Die Bayreuther Festspiele** finden auf der **collina verde**, dem **grünen Hügel**, statt.
		
		Der fliegende Holländer – Der Ring des Nibelungen (Rheingold) – Walküre – Siegfried – Götterdämmerung) – Tristan und Isolde – Die Meistersinger von Nürnberg

Glossar

Musikalischer Begriff Italienisch	Deutsche Übersetzung im musikalischen Zusammenhang	A parte Beiseite-Gesprochenes
xilofono	Xylophon	
zampogna	Dudelsack, Sackpfeife, Schalmei	
zingara/zingarese, alla ~	nach Zigeunerart	Diese eher seltene Vortragsbezeichnung ist aus heutiger Sicht politisch natürlich nicht mehr korrekt. Dennoch spricht man nicht von einer Musik, die **alla sinti e rom** zu spielen sei.

Zum Weiterlesen und Vertiefen – Literaturtipps

Atlante di musica. Milano: [Verlag] 1994

Breidenstein, Helmut: **Mälzels Mord an Mozart – Die untauglichen Versuche, musikalische Zeit zu messen.** In: Das Orchester 54 (2007), Heft 11, S. 8–15

Cairo, Milena; Hannemann, Moritz (unter Mitarbeit von Sarah Wessels): **Episteme des Theaters – Aktuelle Kontexte von Wissenschaft, Kunst und Öffentlichkeit.** Bielefeld: Transcript Verlag 2016, S. 290 (zum Thema quinta = Kulisse)

Camilleri, Andrea: **Le parole raccontate – Piccolo dizionario dei termini teatrali.** Milano: Rizzoli 2001

Dorschel, Andreas: **Die Idee des Konservatoriums.** In: Lütteken, Laurenz (Hrsg.): **Mendelssohns Welten.** Kassel: Bärenreiter 2010, S. 89–108

Eckes, Jutta; Pirazzi, Lisa: **Flüssiges Italienisch.** Reinbek: Rowohlt 2001

Eckes, Jutta: **L'italiano musicale.** Kassel: Bärenreiter 2001

Eggebrecht, Hans H. (Hrsg.): **Meyers Taschenlexikon Musik in 3 Bänden.** Mannheim: Bibliographisches Institut 1984

Leopold, Silke; Maschka, Robert: **Who's who in der Oper?** Kassel: Bärenreiter [2]1998

Ling, Peter Anton: **Stimme, Stimmfach, Fachvertrag.** Augsburg: Wißner-Verlag 2017

Meyer-Sickendiek, Burkhard: **Affektpoetik – Eine Kulturgeschichte literarischer Emotionen.** Würzburg: Königshausen & Neumann 2005

Polyglottes Wörterbuch der musikalischen Terminologie. Kassel: Bärenreiter [4]1980

Richter, Bernhard; Seedorf, Thomas: Was heißt Stimmfach? In: **Opernwelt** 52 (2011), Heft 2, S. 46–48

Ringger, Kurt: **Che gelida manina – Betrachtungen zum italienischen Opernlibretto.** In: Vom Mittelalter zur Moderne – Beiträge zur französischen und italienischen Literatur. Gedenkband. Tübingen: Gunter Narr 1991

Russolo, Luigi: **L'arte dei rumori.** Milano: Edizioni Futuriste Di Poesia 1916. Deutsch: Ullmaier, Johannes (Hrsg.): Die Kunst der Geräusche. Mainz: Schott Music GmbH & Co KG 2000

Schreiber, Ulrich: **Opernführer für Fortgeschrittene** (3 Bände). Kassel: Bärenreiter 1988–2000

Seedorf, Thomas: **Heldensoprane. Die Stimmen der eroi in der italienischen Oper von Monteverdi bis Bellini (Figurationen des Heroischen 1).** Göttingen: Wallstein Verlag 2015

Walter, Michael: **Die Oper ist ein Irrenhaus – Sozialgeschichte der Oper im 19. Jahrhundert.** Stuttgart, Weimar: Verlag J. B. Metzler 1997

Ziegenrücker, Wieland: **ABC Musik – Allgemeine Musiklehre.** Wiesbaden: Breitkopf & Härtel [6]2009

Dank

Mein Dank gilt all denen, die mich auf dem Weg zu ITALLEGRO auf vielfältige Weise begleitet, inspiriert, motiviert und beraten haben. Namentlich nennen möchte ich:

Franco Belgiorno (+), Martina Binnig, Tatjana Charalgina, Andreas Jacobsen, Elisa Kuzio, Peter Anton Ling, Martin Lutz, Masahiro Nishio, Ann-Kathrin Mascus, Ivan Minguzzi, Marco Molteni, Friedhelm Pramschüfer, Rudolf Riedel, Kurt Ringger (+), Angela Sievers, Michael Struck-Schloen, Ludger Verst.

Ein besonderer Dank gilt dem Illustrator von ITALLEGRO, Mehrdad Zaeri, dessen wundervolle Zeichnungen in ihrer Eigenständigkeit viel mehr sind als Illustrationen: Sie weiten den Blick und lassen uns über das geschriebene Wort hinaus in andere Räume schauen. *Grazie di cuore*, lieber Mehrdad!